불명하고
길멍하다

불멍하고
길멍하다

비우고 걷고 살아내며
나를 찾는 여행

지산 지음

민요사

프롤로그

아무리 아름다운 기억이라도 기억하는 이가 없다면 결국 사라지고 말겠지요. 그래서 어디서든 친구들과 함께했던 모습으로 하루하루를 보냈고, 시간이 흘러도 추억들은 천천히 제 삶 속에 스며들었습니다.

모든 캠프가 끝난 뒤, 저는 여기저기 흩어져 지내는 친구들을 한 명씩 찾아다니며 여행하듯 지냈습니다. 길을 걸을 때는 풍경이 다 보이지 않았으나, 친구와 여유를 갖고 돌아보니 더 많은 것들, 아름다운 것들이 보였습니다.

어느 날 강화도에서 제주까지 걸었던 이야기를 흥미롭게 들어주던 친구 '우주'를 만났습니다. '우주당'을 운영하는 그는 이 이야기를 글로 남기고 싶다고 했습니다. 그 말이 참 멋지게 느껴졌고, 진심으로 응원해주었죠. 그 일이 제 일이 될 줄은 상상조차 못한 채로요.

반년이 지난 어느 날, 여행 중에 들른 대전의 공간 '미생물'에서 '라이프쉐어' 대표님을 만나, 우연히 '대화카드'라는 활동에 참여하게 되었습니다. 그날 받은 질문 하나가 마음 깊숙이 들어왔습니다.

일 년만 살기로 결심했다면, 그 일 년 동안 무엇을 하시겠습니까? 한 달 단위로 계획을 세워보세요.

질문을 마주한 순간, 제 삶의 중심이 바뀌었습니다. 정처 없이 무계획으로 떠돌던 여행자의 삶에서 만약 정말 일 년만 살 수 있다면 나는 어떤 시간을 보내고 싶을까. 스스로에게 던진 물음에 대한 답은 의외로 단순하고 또렷했습니다.

나는 길을 걸으며 많은 것을 배웠던, '길멍'의 시간을 세상에 남기고 싶었습니다. 그 여정에서 만난 고마운 사람들에게 제 마음을 꼭 전하고 싶었어요. 실제로 일 년만 살고 죽기로 결심한 건 아니었지만, 그 질문 덕분에 마음을 집중할 수 있었습니다.

길명의 이야기를 정말로 책으로 만들고 싶어져서 곧장 정선에 있는 우주를 찾아갔습니다. 오히려 잘된 일이라며, 망설임 없이 자신이 준비했던 자료들을 건네주며 책 작업을 전적으로 맡겨주었습니다.

함께 걸었던 친구들을 다시 찾아가고, 오래된 사진을 꺼내며 기억을 하나하나 되살려 글을 쓰기 시작했습니다.

그러다 우연히 대구에서 화서 님을 만나게 되었고, 제 원고는 마침내 날개를 달기 시작했습니다. 일기처럼 써두었던 소박한 글들이 그의 도움으로 여행 에세이로 다시 태어나기 시작했습니다. 그리고 시간이 흘러, 모요사출판사와 계약서를 쓰기까지 꼭 일 년이 걸렸습니다. 돌아보면 모든 순간이 기막히게 맞아떨어졌던 것 같습니다.

길명은 저에게 참으로 신기한 시간이었습니다. 원하는 것을 생각한 채 걷다 보면, 꼭 필요했던 물건들이 신기하게도 눈앞에 나타났습니다. 첫걸음을 함께해준 주워 온 운동화, 3분 카레를 끓일 수 있게 해준 냄비, 노숙할 때 이불 대신 덮었던 헌옷가지들, 우연히 받은 한 끼의 밥, 따뜻한 잠자리, 길가에서 만난 모기장…. 때로는 세상이 저를 조용히 보살펴주는 것 같았습니다.

    글을 쓰며 기억을 돌이켜보니, 이 여정에서 정말 필요했던 것은 도구나 물건이 아니었습니다. 함께 걸어준 친구들, 그리고 길 위에서 만난 따뜻한 사람들이었습니다. 저는 그 마음을 잊을 수 없고, 이 책을 읽는 분들도 그 따뜻함을 함께 느낄 수 있기를 바랍니다.

2025년 여름

지산

차례

프롤로그 5

1부 불멍, 나를 만나다

꿈을 좇다 우연히 만난 불멍 캠프 14

불멍 캠프라더니 야생 캠프잖아! 21

볼음도라는 외딴섬의 일상 28

대구에서 인천까지 보름을 걸어온 별난 사람 35

자신의 재능으로 워크숍을 열자! 39

모닥불 모닝커피와 자급자족 라이프 45

2부 길멍, 우리를 만나다

불멍 캠프에서 길멍 캠프로	54
주운 자전거로 서울을 여행하며 노숙하기	64
활 산장의 초대 그리고 열린 서클	71
가양대교 노숙	78
한강에서 첫 덤스터 다이빙	88
첫 탁발의 설렘과 현기증	97
도시락과 돈을 그저 얻게 된다면 어떻게 할 것인가?	105
드디어 서울 탈출	110
트럭 위에 집을 짓고 사는 잉앵	115
필요와 욕심은 종이 한 장 차이	119
대전 정방경로당의 초대 그리고 에멜무지로	124
뭐든 주고픈 어머니와 깊은 산속의 뱀 아저씨	131
태풍이 오기 전까지는 평안했다	139
금산 시장을 구경하다 느낀 마음의 허기짐	147
민지의 부시크래프트 첫 사냥	154
덤스터 다이빙만으로도 살 수 있지 않을까?	160
함양 온배움터에서 풀문 게더링	166
산내 실상사에서 만난 인연들	170

모두가 꿈꾸는 오두막집에서 하룻밤	179
곡성 어딘가를 걷고 있을 길멍 친구 찾기	184
정자가 2성급 호텔로 느껴지는 날	191
전라남도 인심과 내 마음의 풍족함	196
지속 가능한 삶을 살려면 어떻게 해야 할까?	202
계획이 부질없을 때는 주역을 던지고 마음을 살핀다	208
여행자의 집에서 웃고 먹고 쉬고	213
주운 복숭아를 씻다 만난 인연	218
해 질 녘의 순천만, 별장 가는 길	223
버드나무 양치질과 짚신	230
여수 가는 길에 들른 예배당과 정자	234
무명의 묵언 수행	241
영화관 탁발과 용궁잔치	246
에필로그	253

꿈을 좇다
우연히 만난 불멍 캠프

한여름 낮의 중산간 도로를 따라 걷다 보니, 짐도 없는데 배고픔에 발걸음이 점점 무거워졌다. 다행히 저 멀리 중국집과 편의점이 보였다.

점심시간이 한참 지난 오후 3시, 친구와 함께 탁발을 하기 위해 중국집에 들어갔다.

"무전여행 중인데… 음식 좀 얻을 수 있을까요?"

주인아저씨가 어슬렁거리며 나와 우리를 쓱 훑어보더니 한마디 던진다.

"30년 만에 거지는 처음 보네."

3개월간 여러 번 받아온 반응에 익숙해서인지 나도 모르게 익살맞게 대꾸했다.

"네~ 거지 맞죠. 거지예요."

주인아저씨는 잠깐 생각에 잠기더니 안에서 쉬고 있는 아내를 불러 짜장이랑 밥 좀 챙겨주라고 했다. 그러고는 방으로 들어가려다 말고 우리를 다시 쳐다보며 물었다.

"몇 명이 먹을 건데?"

"저희 말고 네 명이 더 있어요. 감사히 먹겠습니다."

경험상 몇 명이냐고 물어보는 이를 만날 때는 확실히 쐐기를 박아야 한다. 미안한 마음에 어영부영했다가는 받을 것도 제대로 못 받고 빈손으로 나올 때가 한두 번이 아니었으니까.

주인아저씨는 아내에게 사람이 좀 많으니까 반찬이랑 밥도 넉넉히 챙겨주라고 이르고는 방으로 들어갔다.

아주머니께 감사 인사를 몇 번이나 하고 중국집을 나왔다. 음식이 담긴 묵직한 봉지를 든 두 손 덕분에 발걸음이 가벼웠다.

이렇게 된 건 다 불명 캠프 때문이었다.

이런 삶을 살기 4개월 전만 해도 나는 도시에서 평범하게 직장 생활을 하며 지내고 있었다.

셰어하우스 우동사에 발을 들이다

아침에 일어나 출근하고 저녁이 돼 퇴근하면 온몸이 방전돼서 아무것도 하지 못한 채 유튜브만 시청했다. 주말에는 가끔 동네 친구들과 어울려 술이나 한잔하며 보내는, 매일이 그저 그런 일상이었다.

그러던 어느 주말, 잠에서 깼는데 꿈이 너무 생생하게 기억났다. 반나절이 지나도록 꿈에 나온 초등학교 동창 용자의 얼굴이 계속 어른거렸다. 6년 동안 연락을 주고받지 않았지만 혹시나 친구에게 무슨 일이 있는 건 아닌가 싶어서 오랜만에 전화를 걸었다.

전화 너머 들려오는 친구의 목소리를 들으니, 큰일은 없는 것 같았다. 다만 다니던 서울의 직장을 그만두고 인천에서 친구들과 함께 '우동사'라는 곳에서 지낸다고 했다. 우동사는 '우리 동네 사람들'의 줄임말로 셰어하우스라고 간단히 설명해주었다. 그러고는 직접 와서 보면 이해가 더 빠를 거라고 덧붙였다.

초등학교 때부터 대학생 시절까지 용자의 집에 종종 놀러 갔기에 오랜만에 얼굴도 볼 겸 주말에 그의 집에서 만나자는 약속을 잡았다.

다리 세 개는 들어갈 것 같은 엄청 펑퍼짐한 검은색 바지에 개량 한복 느낌의 하얀색 웃옷을 입은, 다소 생소한 용자를 보니 6년이라는 세월이 참 길구나 하는 생각이 들었다. 용자를 따라 10분 정도 그의 가이드를 받으며 동네를 걷다 보니 어느새 빌라 건물인 우동사에 도착했다.

30평이 넘을 듯한 빌라 안으로 들어서서 쓱 훑어보았다. 우선 넓은 거실이 보이고 현관문 바로 옆에 방이 하나, 맞은편에 큰방과 화장실 그리고 그 옆방과 두 번째 화장실을 지나 주방과 다용도실이 있었다.

"엄청 넓네~ 좋다! 이 넓은 집을 몇 명이 쓰는 거야?"

"친구 여러 명과 함께 써. 현관문 바로 옆방이 내 방이고, 거실과 화장실, 주방은 공용으로 사용해."

처음 듣는 주거 방식에 나는 궁금증이 많아졌다. 월세나 전세만 들어봤지 셰어하우스라는 개념은 처음 들었기에 제대로 이해하기 힘들었다.

용자는 3층에서 친구 두 명과 같이 지내고 있고, 다른 층의 친구들은 다섯 명까지도 함께 지내고 있었다. 각 층마다 같이 생활하는 인원수와 주거 환경이 다르고 식비 부담도 제각각이었다. 각양각색의 주거 환경에 생활비까지 다르면 관리하는 사람이 있지 않고는 운영이 제대로 안 될 것 같았다.

"누가 관리자야?"

"여긴 관리자가 따로 없어. 이해하기 힘들겠지만, 관리하는 사람이 없어도 잘 지내고 있어."

"응? 관리자가 없어? 그럼 여러 명이 함께 사는데 어떻게 굴러갈 수 있어?"

기존의 상식으로는 이해가 되지 않아 덧붙여 물었다.

"이 셰어하우스를 처음 시작한 사람이 있을 거 아냐. 관리자가 없어도 혹시 그 사람이 대표로서 모든 걸 책임지지 않나?"

"그 사람은 시작만 했을 뿐 책임과는 상관없어."

대표니 리더니 운영자니 하는 책임을 지는 사람들이 가득한 세상에서 그런 이들이 존재하지 않는 곳을 만난 것은 처음이었다. 오랜만에 만난 친구가 불편해할까 봐 알아들은 척 고개를 끄덕였지만 나에겐 너무 생경한 삶의 방식이라 온전히 이해할 수는 없었다.

웬만큼 설명이 끝나자 용자는 점심을 차려주겠다며 일어섰다. 냉장고에서 식재료를 꺼내 조리를 시작하기에 나도 옆에서 거들었다. 냉장고에 맛있어 보이는 햄과 쌈채소가 눈에 띄어 꺼내려고 했더니, 자기 것이 아니니 쓰면 안 된다고 한다. 그제야 다른 친구들과 함께 쓰는 공용 냉장고라고 한 말이 떠올라 그저 입맛만 다시고 쳐다만 봤다.

점심 식사를 마무리하고 커피까지 마시며 그동안 어떻게 지냈는지 얘기를 나누다 보니 어느새 몇 시간이 훌쩍 지나갔다.

우연히 보게 된 '불멍 캠프', 새 삶의 시작

이제 돌아갈 시간이었다. 아쉬움에 아직 둘러보지 못한 집의 여기저기를 기웃거리다가 '불멍 캠프'라는 글귀에 눈길이 갔다.

"여기 화이트보드에 씌어 있는 불멍 캠프는 뭐야? 우동사 친구들과 캠핑 가는 거야?"

"응, 맞아. 타오르는 불을 보며 멍 때리는 캠핑."

"재밌겠다. 나도 가보고 싶네."

"너도 와도 돼~"

가볍게 던진 말에 용자도 대수롭지 않게 대답했다.

매해 여름이 되면 동네 친구들과 펜션을 잡거나 강가 근처의 캠핑장을 예약하곤 했다. 낮에는 물놀이를 하고, 저녁에는 장작불을 피워 고기를 구워 먹고, 실컷 술을 마시며 놀았다. 며칠간 노닥거리며 여유를 즐기는 캠핑만 해봤기에 5월 한 달 내내 캠프를 한다는 설명에 '캠핑을 좀 길게 하네'라고 단순히 생각했다. 마침 직장에서 맡은 업무도 거의 끝나가고 있어서 5월부터는 석 달 정도 휴가를 내려고 마음먹고 있었다. 딱히 별다른 휴가 계획을 세워두지 않았으니 불멍 캠프에나 참가해볼까. 한 달이라는 긴 시간을 어떻게 꾸리는지 호기심이 일었다.

"자세한 내용은 SNS로 보내줄게."

"응? 자세한 내용? 그래~"

나름 캠핑 경험이 풍부하다고 자신했기에 불멍 캠프도 가볍게 생각했다. 자세한 내용을 읽어보라는 용자의 '중요한' 당부를 귓전으로 흘려들은 채 집으로 돌아왔다. 그 순간이 지금 내 모습의 시작점이 될 줄은 꿈에도 모른 채….

불멍 캠프라더니
야생 캠프잖아!

바다 건너 깊은 산속으로 캠핑을 가면 벌어지는 일

다음 날 용자에게 불멍 캠프에 대한 장문의 SNS를 받아보고는 놀라서 전화를 걸었다.

"이거 잘못 보낸 거 아냐?"

용자는 맞게 보낸 거라며 추가 설명을 해주었다.

"화장실은 없고, 물도 전기도 부족해 쓰기 힘들어. 시설이 딱히 없거든. 음식은 같이 해 먹기는 해도 넉넉지 않고, 산속이라 밤엔 추우니 겨울옷을 챙겨 오는 게 좋아."

듣고 있자니 머릿속이 하얘졌다. 한참 후 정신을 차리고 나자 군대에서 훈련받던 시절이 스쳐 지나갔다.

'이거 그냥 군대 훈련이잖아!? 뭐부터 준비해야 되나? 군복?'

낯설고 험한 환경이라고 들었으면 안 가는 게 정상 아닌가? 왜 굳이 불명 캠프에 참가하려 했는지 지금도 미스터리다. 당시에 나는 텐트도 가지고 있지 않았다. 일반 캠핑장은 돈만 내면 좋은 텐트에다 모닥불과 음식까지 제공해 주니 구태여 살 필요가 없었던 것이다.

먹고 마시고 노는 캠핑만 했던 나는 생존을 위한 캠핑을 준비하기 위해 일단 많은 물품을 주문했다. 비상식량(육포, 견과류, 누룽지 등), 만일을 대비한 핫팩과 상비약 그리고 경량 패딩과 동계 침낭을 챙기고, 새로 산 텐트까지 넣으니 40ℓ짜리 백팩이 빈틈없이 차버렸다.

생전 처음 경험하는 캠핑이지만 일주일 정도는 버틸 수 있을 거라고 예상했다. 그에 맞춰 짐을 꾸렸는데, 뜻밖에 비 예보가 들려왔다. 별 생각 없이 구입한 텐트는 생활 방수 수준이었기에 다시 방수용 타프를 추가로 주문했다. 타프에다 각종 반찬과 쌀, 캠핑 의자와 방수포, 돗자리까지 넣으니 35kg까지 실을 수 있는 접이식 카트도 가득 찼다. 출발 전날 해 질 때까지 짐 싸기를 하느라 지쳐서 뻗어 버렸다.

야생의 섬 볼음도 캠핑 작전

당일 아침 일찍 성남에서 차를 타고 출발해 네 시간 넘게 달렸다. 캠핑 장소는 서해안의 외딴섬 볼음도였다. 하루에 두 번밖에 운항하지 않는 배 시간에 맞추려고 여유 있게 나섰기에 다행히 30분 전에 선착장에 도착했다. 볼음도는 북한과 가까운 섬이라 강화도의 선수 선착장에서 용자와 함께 승선신고서를 작성하고 한 시간 반가량 배를 타고 들어갔다.

볼음도 선착장에 도착해 잠시 기다리고 있자니 캠핑장에서 한 친구가 트럭을 끌고 마중을 나왔다. 트럭에 짐을 싣고는 10분 넘게 산길을 달려서 드디어 불멍 캠프에 도착했다. 아침 일찍 출발해 오후 늦게 도착한, 제주도 여행보다 더 긴 여정이었다.

산속은 해가 일찍 진다. 한숨 돌릴 겨를도 없이 우선 자리를 잡고 텐트를 쳤다. 주변을 둘러보니 일인용 텐트를 쓰거나 커다란 텐트를 함께 쓰는 친구들이 대부분인데, 나만 혼자 성인 세 명이 누워도 남을 만한 가족용 텐트에 캠핑 의자 두 개를 쓰고 있었다.

그때 용자가 캠핑장 안내를 해주겠다며 다가왔다.

"가져온 음식은 밖에 둬. 야외 주방 바닥에 아이스박스를 묻어놨어. 핸드폰 충전은 옆 평상에서 할 수 있어."

"응? 콘센트가 한 개뿐인데?"

"맞아. 전기가 들어오는 곳은 여기밖에 없어."

멀티탭에는 이미 다른 친구들의 핸드폰으로 가득 차 있었다.

야외 주방을 살펴보니 요리하기 위해 모닥불을 피울 수 있는 장소와 가마솥 밥을 지을 수 있는 로켓스토브가 갖춰져 있었다. 용자는 음식을 해 먹을 때마다 불을 피워야 하고, 물 또한 트럭을 타고 '단형' 집에 가서 지하수를 길어 와야 한다고 했다. 단형은 볼음도에서 농사지으며 오래전부터 살고 있는 지주인데, 불멍 캠프를 하기 위한 준비 단계부터 많은 도움을 주고 있었다.

야외 주방 옆에는 예닐곱 마리의 닭이 있는 닭장과 삼사십 평쯤 되는 텃밭이 있었다. 닭장 옆 산 쪽 언덕으로 일 분 정도 걸어 올라가니 천으로 가려놓은 공간이 나타났다.

"여기가 화장실이야. 이 구덩이에 볼일을 보고 왕겨를 덮어주면 돼. 휴지는 절대 쓰면 안 돼."

믿을 수 없었다. 지금이 보릿고개 시절도 아니고 이게 무슨…. 앞으로 어떤 난감한 일들이 벌어질지 걱정이 앞섰다. 그런데 군대 훈련을 떠올리고 와서 그런지 예상보다 심하지 않다는 생각도 들었다.

휴지를 쓰면 안 되는 이유는 이랬다. 여기가 이른바 생태 화장실이어서 분뇨를 텃밭의 거름으로 쓰기 때문이었다. 그럼 용변을 본 후 뒤처리는 어떻게? 우선 빈 페트병에 물을 채운다. 뚜껑을 닫고 구멍을 낸다. 그다음 힘껏 페트병을 눌러서 물이 나오게 한다. 그 물로 똥꼬를 씻는다. 수동 비데나 다름없다. 다행히 나는 볼음도에 도착하기 전에 '뽀로로 음료수' 페트병을 준비해 왔기에 화장실 걱정은 없었다.

나중에 알게 된 사실이지만 모두가 나처럼 생태 화장실을 처음부터 잘 사용한 건 아니었다. 친구의 권유로 놀러 온 20대 여성은 봄날 옷차림으로 와서 이틀 동안 생태 화장실을 차마 쓰지 못해 얼굴색이 창백해져서는 다시 도시로 돌아갔다. 그런데 놀랍게도 사흘이 지나 그녀가 다시 나타났다. 이번에는 5월 중순인데도 두꺼운 롱패딩을 입고 와서는 어디서든 잘 자고, 숲 속에서 요령껏 볼일을 보는 엄청난(?) 발전을 보여주었다.

화장실이 있는 언덕에서 내려와 용자는 멀리서도 보이는 멋있는 텐트로 나를 안내했다. 인디언 티피라고 하는데 비가 오거나 다 같이 모일 때 이용하는 장소로, 가운데에 불을 피우기도 하고 워크숍도 연다고 했다. 얼핏 봐도 스무 명 넘게 들어갈 수 있을 만큼 큼직했다.

그런데 신기하게도 땅과 붙어 있어야 하는 텐트의 밑부분이 땅에서 30cm 정도 떠 있어서 바람이 솔솔 들어올 것 같았다. 불을 피우면 바람이 이곳으로 들어와 가운데에 있는 모닥불을 만나 텐트 윗부분으로 빠져나가는 구조라고 한다. 게다가 비가 올 때를 대비해서 아랫부분도 윗부분도 덮을 수 있는 조치가 돼 있었다.

불명 캠프 시설을 두루두루 둘러보고는 내 텐트로 돌아왔다. 캠핑 의자에 앉아 핸드폰을 들여다보니 전파가 전혀 잡히지 않았다. 나도 모르는 사이에 오지에 와 있었던 것이다.

낯설면서도 한편으로는 야생의 느낌이 물씬 풍기는 캠핑장의 모습을 떠올리자 '내가 여기 온 게 잘한 짓인가?' 하는 의문이 들었다. 동시에 도시를 벗어나 마주친 새로운 자극에 호기심이 강하게 일기도 했다.

이런저런 복잡한 심경에 사로잡혀 있는데 어느덧 해가 뉘엿뉘엿 지고 있었다.

볼음도라는
외딴섬의 일상

체험 삶의 현장, 어망 낚시

며칠 못 버틸 거라고 짐작했는데 웬걸, 볼음도에 도착해 사흘이 지나자 친구도 사귀게 됐고, 모닥불에 밥을 해 먹는 것도 자연스러워졌으며, 텐트 생활까지 익숙해졌다. 점심을 먹고 나서는 따스하게 내리는 햇볕이 좋아서 캠핑 의자에 앉아 믹스커피를 마시는 여유도 즐기게 됐다. 다른 친구들은 낮잠을 자거나 인디언 티피에 모여 악기를 연주하는 등 한가로운 시간을 보내고 있었다.

"같이 물고기 잡으러 갈 사람, 세 명~"

야외 주방 앞에서 누군가 소리치며 사람을 모으고 있었다. 정훈이었다. 그는 작년부터 볼음도에 터를 잡고 지금의 불멍 캠프를 준비한 우동사 친구이다. 이 섬에 대해 많은 것을 알고 있어서, 불멍 캠프에 참가한 친구들에게 가이드 역할을 하고 있었다.

정훈의 외침에 정적이 흘렀다. 캠프에 참가한 인원이 30명이나 되는데도 선뜻 지원하는 사람이 없었다. '불멍 캠프에서 먹고 자게 해준 밥값은 해야지.' 이렇게 마음먹고 나는 손을 높이 들었다.

20분 후에 출발한다기에 젖어도 되는 옷을 챙겨 입고 다시 야외 주방 앞으로 갔다. 감자와 민지라는 친구 두 명도 출발을 기다리고 있었다. 민지는 프로그래머 일을 하다 그만두고 여행을 떠나려는 찰나 감자의 소개로 불멍 캠프에 오게 됐다. 감자는 독립영화 감독이었다.

우리는 1톤 트럭 짐칸에 물고기를 담을 노란 컨테이너 박스와 등지게를 싣고 올라탔다.

"출발한다! 뒤에 꽉 잡아~"

트럭이 캠핑장을 벗어나자 강한 바람이 몰아쳤다. 잠깐 눈을 질끈 감았다 떴더니, 눈앞에 논들이 초록색 바다처럼 펼쳐졌다. 덜그럭거리는 비포장도로를 10분 넘게 달려 서해 바다가 바라보이는 갯벌에 도착했다. 햇빛에 반사돼 어디가 바다고 어디가 갯벌인지 경계조차 보이지 않았다. 끝없이 펼쳐진 갯벌은 텔레비전에서 봤던 하얀 모래사막 같았다.

풍경에 홀려 한 발을 내딛는 순간 발이 쑤욱 빠졌다. 신고 있던 샌들은 개흙 범벅이 돼버려서, 샌들을 벗고 맨발로 다시 갯벌에 들어갔다. 얕은 곳은 발목까지, 깊은 곳은 무릎까지 빠지는 갯벌을 15분 정도 걸었을까. 정훈은 멀리 오른쪽에 보이는 깃발을 향해 가면 된다고 말해주었다. 드디어 저기가 목적지구나 생각했는데, 사실 깃발은 절반 지점을 표시한 것이었다.

주변 경치를 둘러보며 걷다 보니 저 멀리 어망이 보였다. 신기하게 어망 위로 항구에서나 볼 수 있는 갈매기들이 잔뜩 몰려 있었다. 갈매기들이 있다는 건 물고기가 잡혔다는 뜻이고, 한편으로는 갈매기가 물고기의 내장을 먹고 있다는 뜻이기도 했다.

정훈이 '갈매기가 물고기를 다 뜯어 먹을 수도 있어'라고 미리 일러주었기 때문에 모두들 마음이 조급해졌다. 너도나도 약속이나 한 듯 갑자기 뛰기 시작했다. 물고기를 구하기 위해서…. 그리고 우리에겐 시간이 없었다.

볼음도의 어망 낚시는 밀물과 썰물을 이용해서 물고기를 잡는데, 바닷물이 가장 많이 빠져나갔을 때부터 그 바닷물이 다시 들어오기 직전에 물고기를 회수하고 어망을 다시 설치해야 한다. 20~30분간의 기회를 놓치면 어망이 다시 물에 잠겨버린다. 그러면 다음 날을 기약해야 한다. 그마저도 일주일에 사나흘만 가능해서 나머지 날에는 어망이 계속 물에 잠겨 있다.

다들 처음 보는 어망 낚시에 우물쭈물하고 있자 정훈이 지시를 내렸다.

"지산과 감자는 어망 양 끝의 묶인 부분을 풀어서 잡고 있어줘. 민지는 어망을 몰아서 잡힌 물고기를 망에 옮겨 담아줘."

왜 세 명이 필요하다고 했는지 이제야 이해가 됐다.

10미터 길이의 어망에는 종아리만 한 큰 물고기 세 마리와 작은 물고기들이 듬뿍 잡혀 있었다. 그리고 화가 잔뜩 나 있는 새끼 복어가 볼을 빵빵하게 한 채 노려보고 있었다. 작은 물고기들과 새끼 복어는 바닷물에 다시 던져주고, 큰 물고기는 노란 컨테이너 박스에 담아 등지게에 실었다.

어망을 다시 묶어놓고 돌아가는 길에 혹시나 조개를 만

나는 행운이 있을까 싶어 갯벌의 조개를 보이는 대로 뒤집어보았다. 대부분 쭉정이 조개들이었지만 아주 가끔은 진짜 조개가 있었다. 조개가 있든 없든 잡은 물고기에 기뻐하며 온 길로 되돌아갔다.

민지의 첫 회 뜨기

한참 전부터 야외 주방의 도마 위에 물고기 세 마리가 놓여 있었다. 몇 시간에 걸쳐 어망 낚시로 물고기를 잡았건만 그게 끝이 아니었다. 도시에서는 돈만 내면 회로 변신한 물고기를 언제든 먹을 수 있지만, 불멍 캠프에서는 일체의 과정을 직접 해야 했다. 회를 뜨기 위해서는 한 명이 물을 계속 길어서 부어주고, 다른 한 명은 물고기를 씻고 비늘을 벗기고, 또 다른 한 명은 회를 떠야 한다. 그런데 우리 중 아무도 회를 떠본 경험이 없었다. 난감해하고 있을 때 민지가 불쑥 나섰다.

"내가 해볼게."

"진짜? 회도 뜰 줄 알아?"

"아니. 예전부터 해보고 싶었는데… 지금인 거 같네."

민지는 유튜브를 켜고 몇 번 영상을 들여다보더니 팔을 걷어붙이고 회를 뜨기 시작했다. 하지만 칼질 몇 번 만에 칼이 뼈에 걸렸는지 멈칫하고는 고개를 갸웃거렸다. 다시 유튜브를 5분 동안 유심히 보더니 "아~ 이렇게 하는 거구나" 하며 감탄하더니 칼질이 조금 더 빨라졌다.

민지는 유튜브 영상을 보며 회 뜨기를 몇 번이나 반복했다. 마침내 방법을 터득했는지 핸드폰을 밀쳐두고 회 뜨기에만 집중했다. 숫돌이 없어 날도 서지 않은 칼로 종아리만 한 농어 한 마리, 숭어 두 마리와 한 시간이 넘게 씨름했다.

"얘들아, 가시가 있을 수 있으니 조심해서 먹어."

물고기 손질을 마친 민지가 수줍게 말했다.

돈이 없어도 굶지 않을 수 있다

지름이 30cm는 넘어 보이는 하얀 접시에 천사채도 없이 회를 수북이 쌓아놓았고, 야외 주방에서는 로켓스토브에 매운탕을 끓이고 있었다. 단형이 길러낸 쌀로 미리 가마솥에 밥을 지었고, 우동사 친구들이 작년부터 불멍 캠프를 위해 통나무에 기른 표고버섯으로 반찬을 만들었다. 캠핑장 한쪽 텃밭에서 기르고 있는 상추와 깻잎, 대파를 가져와 매운탕과 반찬들에 넣었다. 자급자족해서 얻은 식재료로 한 상 가득 차려지자 불멍 캠프에 참여한 모두는 감사한 마음으로 식사를 시작했다.

음식은 돈을 주고 사지 않으면 굶을 수밖에 없다고 생각했는데, 내가 직접 일해서 밥을 먹을 수 있었다. 돈이 아닌 다른 방법으로도 먹고살 수 있다는 것을 깨닫게 되자 '어떤 재난 상황에 놓이더라도 이렇게 하면 살아남을 수 있겠구나!' 싶었다. 인생의 보험을 새로 하나 들어놓은 것 같았다.

이때만 해도 한 달 후면 어차피 도시로 돌아가니 '잠깐의 일탈'일 뿐이라고만 여겼지 깊게 고민하지 않았다. 하지만 한편으로는 '이런 삶을 살아도 괜찮겠다'라는 마음이 조금씩 생기기 시작했다.

대구에서 인천까지
보름을 걸어온 별난 사람

야생의 초이가 나타났다

볼음도에 온 지 일주일쯤 지나자 아무것도 하지 않아도 되는 불멍 캠프의 삶이 익숙하다 못해 즐거워졌다. 인디언 티피에서 해 질 녘에 모여 앉아서 모닥불로 음식을 해 먹고 노래도 부르며 놀고 있었다.

그때 캠프 입구에서 웅성웅성하는 소리가 나더니 "와, 초이다"라는 외침이 들려왔다. 순간, 친구들이 모두 벌떡 일어나 달려 나갔다. 그들과 한 명 한 명씩 인사를 나누며 안부를 묻는 초이라는 사람을 나는 멀찍이서 바라보며 내 차례를 기다렸다.

초이의 첫인상은 서울역에서 노숙하는 사람 같았다. 씻은 지 며칠이나 됐는지 감을 잡을 수 없었고, 비쩍 마른 데다 피부도 햇볕에 타서 시꺼멨다. 머리카락은 조선 시대 사람처럼 길게 댕기를 땋았고, 턱수염은 수북이 자라서 길이가 10cm는 돼 보였다. 작은 봇짐 하나에 짚신을 달랑달랑 매달고는 볼음도에 캠핑을 하러 왔다고 했다.

10분 넘게 지났을 무렵 옆에 서 있던 정훈이 나에게 초이를 소개해주었다.

"이쪽은 초이야. 대구에서부터 걸어서 보름이나 걸렸다네. 산길로만 왔는데 출발할 때 챙긴 쌀이 며칠 만에 떨어져서 풀만 뜯어 먹었대."

"보름이나 걸어왔다고? 게다가 풀만 뜯어 먹었다고? 어떻게 사람이 풀만 먹어? 다른 것도 먹었겠지."

내가 말도 안 된다는 듯이 목청을 높이자 초이가 대답했다.

"한번은 다른 것도 먹긴 했어. 도로 주변을 걷다가 로드킬 당한 고라니를 발견해서 묻어주려고 땅을 팠어. 그런데 배가 너무 고파서 묻어주다 말고 먹을 수밖에 없었지. 지금도 고라니에게 감사하고 있어."

그의 얘기를 듣고 있자니 이 친구들이 나에게 지금 몰래카메라를 하고 있나 싶었다. 옆에 있던 정훈이 초이에게 되물었다.

"진짜? 어떻게 먹었어?"

"불을 지펴서 냄비에 물을 붓고 끓여 먹었지."

"정말? 근데 고라니는 무슨 맛이야?"

"그냥 고기 맛이었어."

"그건 그렇고 그 짚신은 뭐야?"

"예전에 우연히 산길을 걷다가 짚신 만드는 장인을 만나서 몇 달간 배웠거든. 그래서 직접 짚신을 만들어서 신고 있어."

아직도 받아들이기 힘든 초이의 이야기

정신 나간 이야기에 정신이 없어서 아무 말 없이 서 있는데, 정훈이 초이에게 또 물었다.

"그런데 아무에게도 연락을 안 했던데, 어떻게 찾아온 거야?"

"보름 전에 친구에게 볼음도에서 캠핑한다고 문자를 받았으니까 주소 보고 찾아왔지."

"그.러.니.까~ 여기 캠프까지 어떻게 왔어?"

"산길 따라가다 도로 나오면 표지판 보고 계속 걸었지. 항구에서만 배를 타고 볼음도에 도착했어. 길 따라 쭉 걸어오다가 못 찾아서 마을 사람들에게 불멍 캠프가 어디냐고 물었는데 모르더라고. 그렇게 헤매다가 몇백 년은 돼 보이는 은행나무 앞까지 왔어. 그런데 밤이 되니까 저 멀리 환한 곳이 보여서 왠지 친구들이 있을 거 같았지."

고라니 고기 외에는 풀만 뜯어 먹으며 15일을 걸어 왔다니…. 초이의 사연에 내 머리는 용량을 초과한 컴퓨터처럼 블루스크린이 뜨며 오류가 났다.

처음 만났을 때 인사하고 몇 마디 말을 주고받은 뒤로는 며칠간 그에게 말도 걸지 않았다. 상식에 오류가 발생해 초이를 다시는 볼 일이 없는 사람으로 인식했기 때문이다.

자신의 재능으로
워크숍을 열자!

만병통치약 요가 체험

불멍 캠프에 온 지 열흘이 넘었다.

오후에는 햇살이 따가워 이마에 땀이 송골송골 맺히고 등이 젖을 정도여서, 다들 텐트에서 낮잠을 즐기거나 숲 속의 바람 길목에 앉아 쉬었다.

재밋거리가 없나 하고 이 텐트 저 텐트 주변을 어슬렁거리는데, 악기를 연주하거나 수다를 떨고 있는 이들 사이로 바태라는 친구가 요가 할 사람을 모집하고 있었다. 바태는

'바라보는 태양'이라는 뜻으로, 그는 요가 실력이 전문가급이었다.

"같이 요가 할 사람~ 편한 복장으로 3시까지 야외 주방 앞으로 모여줘. 요가 매트가 없으면 돗자리를 가져와도 괜찮아."

미디어에서만 요가를 접한 나는, 요가는 여자들만 하는 운동이라는 인식을 갖고 있어서 '나와는 전혀 인연이 없는 것'이라 생각했다. 하지만 불멍 캠프에 와서 '새로운 것들을 선입견 없이 해보는 중'이기에 요가도 한번 시도해 보자는 마음에 돗자리를 챙겼다.

초록색 잎사귀가 축 처져 있는, 4~5미터는 돼 보이는 큰 나무 그늘 밑에 한 손에 돌돌 만 요가 매트를 든 친구들이 열 명 넘게 모여 있었다. 나는 바태의 설명을 들으며 요가 동작을 따라 하는 것만도 버거웠다. 그동안 내 몸을 움직이는 것에 아무런 의심이 없었는데, 요가 동작을 하며 호흡과 몸 움직임에 집중하는 것이 내 마음대로 되지 않는다는 걸 처음 알았다. 그래도 딱딱하게 굳어 있는 근육이 다소나마 풀어지자 몸의 기운이 다르게 느껴졌다.

"요가를 한 시간 하고 나니 낮잠을 한숨 잔 것보다 몸이 더 상쾌해졌어!"

좋은 건 같이 하고 싶어서 옆 텐트의 용자에게 요가의 굉장한(?) 효능을 설파했다. 그리고 성공했다. 다음 날부터 용자도 요가를 시작했다. 하지만 굉장한 효능을 느꼈는지는 물어보지 않았다.

그 후로 어망 낚시와 시간이 겹치지만 않는다면 요가 워크숍에 꼭 참여했다. 비록 따라 하기 힘든 동작들뿐이었지만 할 수 있는 만큼만 하라는 요가 선생님 바태의 지도에 따라 다음 동작을 이어갈 수 있었다.

바태의 요가 워크숍에 참여하고 난 후, 다른 워크숍은 없는지 궁금해 다음 날 오후에 캠핑장 이곳저곳을 돌아다녔다. 인디언 티피 옆 공터에서 불멍 캠프가 시작된 날부터 숟가락과 젓가락, 밥그릇 등 간단한 식기를 나무로 깎아 만드는 우드카빙 워크숍이 진행되고 있었다.

바태의 요가 워크숍이 열리고 며칠 지나지 않아 인디언 티피에서는 매일 열리는 손바느질 워크숍이, 모닥불 근처에서는 며칠간 장작 패기와 불 피우기 워크숍이 열렸고, 큰 나무 옆 공터에서는 외국의 전통 춤 워크숍까지 열려 각자의 재능을 나누기 시작했다.

새로운 워크숍이 계속 열리면서 기존의 워크숍과 시간이 겹치는 경우도 발생했다. 그러면 서로 시간을 조절해서

최대한 많은 인원이 참여할 수 있도록 배려했다. 처음에 고작 몇 명으로 시작한 요가 수업은 마지막에는 대부분의 인원이 참여하는 워크숍이 됐다.

나의 워크숍은 노천 목욕

불멍 캠프에서 긴 여유 시간을 보내면서 나도 뭔가 다른 친구들과 나눌 수 있는 재능이 있는지 의문이 들었다. 다른 친구들은 눈에 띄는 재능이 있지만 나에겐 특별한 재능이 없었다. 다만 다른 친구들보다 조금 더 뛰어난 걸 재능이라고 할 수 있다면 '실행력'이 있었다.

그중에 눈에 들어온 것이 목욕이다. 여기서 목욕을 하려면 근처 저수지에서 물을 길어 50m 거리의 천막까지 옮기고, 주전자 하나로 물을 끓여서 비닐로 만든 한 평가량의 공간에서 해야 했다. 그래서 목욕을 하는 친구는 거의 없었다. 야외 욕탕을 만들 수 있다면 나뿐 아니라 다른 친구들도 편하게 목욕을 즐길 수 있을 것 같았다.

우선 단디라는 친구를 찾아가 물었다. 우동사에서 온 단디는 공구와 물품들을 관리하는데, 우드카빙 워크숍을 열 정도로 손재주가 좋은 친구였다.

"야외 욕탕을 만들고 싶은데 물을 끓일 수 있는 주전자를 얻을 수 있을까?"

"응? 주전자는 없고, 흠… 큰 가마솥이 있긴 한데, 한번 볼래?"

큰 가마솥은 지름이 50cm가 넘는, 상상 이상으로 많은 물을 끓일 수 있는 도구였다. 바로 이 가마솥에 걸맞은 야외 욕탕을 상상해봤다.

'물 수급을 원활하게 하려면 저수지 옆에 자리를 잡아야겠군. 저수지 바로 옆 공터에 가마솥 화덕을 만들자!'

그럼 다음 단계는 뭘까.

'이제 욕조를 구해볼까? 사람이 들어갈 만한 사이즈라면 뭐든 좋아! 구해보자.'

불명 캠프에서 친해진 모든 친구들에게 욕조를 수소문했고, 불과 이틀 만에 용자가 볼음도 쓰레기장에 버려진 플라스틱 욕조를 주워 왔다. 그렇게 저수지 경치를 바라보며 욕조에서 목욕할 수 있는 야외 욕탕이 마련됐다.

하루하루 야외 욕탕을 만드는 모습을 지켜보던 타마는 남는 텐트를 얻어 와 욕탕 옆에 탈의실을 꾸몄다. 타마는 하모니카 워크숍을 진행하는 친구인데, 내가 하모니카를 배우면서 친해지게 됐다.

초이는 입욕제로 쓰자며 계피 나무와 각종 향이 물씬

풍기는 나뭇잎과 가지들을 가져다주었다. 초이가 '먹을 수 있는 풀 찾기 워크숍'을 열어서 서로 이야기를 나눈 덕분에 그와도 제법 친해지게 됐다.

많은 친구들의 도움을 받아가며 야외 욕탕이 탄생했고, 이삼 일이 지나자 야외 욕탕은 대기 번호가 필요한 곳으로 탈바꿈했다.

친구들이 진행하는 워크숍에 참여하면서 자신이 가진 재능을 나누면 다른 이들도 즐거울 수 있다는 것을 느꼈다. 나 또한 나누고 싶은 마음이 일었고, 결국 실행에 옮기기에 이르렀다.

불명 캠프는 가만히 있으면 아무 일도 일어나지 않지만, 스스로 움직이면 상상하는 것 이상을 얻을 수 있는 마법의 장소가 됐다.

모닥불 모닝커피와
자급자족 라이프

여행자 영원과의 만남

아침 8시쯤 전날의 음주로 숙취를 느끼며 눈을 떴다.

'좀 더 잘까? 아니면 모닥불에 가서 커피를 마실까?'

침낭 속에서 잠시 고민하다 왠지 커피를 마셔야 머릿속이 맑아질 것 같아서 힘겹게 몸을 일으켰다.

텐트 사이를 지나 캠프 한가운데에 있는 모닥불 가에 도착하니 예닐곱 명이 모여 있었다. 처음 보는 물건으로 커피를 내려 마시며 수다를 떠는 중이었다.

"잘 잤어? 지산, 커피 한 잔 어때?"

영원이라는 친구가 반갑게 맞아주었다.

"응, 잘 잤어. 근데 이 커피 뭘로 내리는 거야?"

"아~ 이거? 베트남 드리퍼야. 여행하면서 5년은 넘게 쓴 거 같은데 여기까지 가져왔네."

"그래? 그거 하나면 커피를 내릴 수 있다고?"

"응, 얼마나 편한데. 여기다 물을 붓기만 하면 끝이야. 그냥 기다리면 돼. 이걸 어디서 샀더라? 인도였나?"

높이가 3cm도 안 되는 납작한 주전자로 베트남 드리퍼에 물을 붓고는 일 분 만에 뚝딱 커피 한 잔을 만들어냈다. 과거 바리스타를 했던 나로서는 일본식 핸드드립 커피만 생각했는데 참신한 도구들이 신기했다.

영원은 오토바이를 타고 불멍 캠프에 와서 인디언 티피를 만든 친구였다. 며칠만 있으려 했는데, 너무 재미있다며 첫날부터 계속 체류 중이었다.

모닥불에 구워져 시커멓게 변해버린 물 주전자로 물을 끓여서 그런지 커피에서 그을음 맛이 나는 듯했다. 베트남 특유의 투박하고 거친 커피를 한 모금 마시고 나자 입이 심심했다.

"혹시 물 주전자도 베트남 드리퍼랑 같이 산 거야? 이렇게 낮은 주전자는 처음 보는걸."

"응, 그래서 모닥불에서도 물이 빨리 끓어. 이렇게 두 개만 있으면 어디서든 커피를 마실 수 있어. 여행의 필수품이지."

영원은 아까부터 손바닥만 한 검은 무쇠 프라이팬에 하얀 무언가를 굽고 있었다.

"역시~ 근데 프라이팬에 굽고 있는 건 뭐야?"

"'난'이라는 건데, 인도에서 먹는 빵이야."

"그럼 나도 한 개만."

씁쓸한 커피와 함께 달콤한 조청에 난을 찍어 먹으니 오묘하게 조화가 맞았다. 역시 일찍 일어나길 잘했다는 생각이 들었다.

"근데 인도에는 얼마나 있었어?"

"2년인가 3년인가. 지산도 나중에 가봐. 인도 정말 좋아. 아~ 지금의 지산에겐 좀 힘들려나?"

"응? 뭐가 힘든데?"

이 이야기를 시작으로 아침마다 커피와 함께 영원의 인도 여행 이야기를 들으며 같이 여행을 다닌 것처럼 시간을 보냈다.

영원의 '마지막 만찬' 이야기

"인도 바라나시에 머물고 있던 어느 날, 여행 중 우연히 친구를 사귀게 됐어. 뜻이 맞아 며칠 함께 지내다가, 친구가 한국으로 돌아가는 날이 다가왔어. 마지막 여행을 같이 하기 위해 우리는 함께 델리로 향했지.

그러던 중 늦은 점심시간에 길가에서 낯선 간판 하나가 눈에 들어왔어. STEAK.

설마, 진짜? 인도에서 소고기 스테이크라니. 호기심 반, 반가움 반으로 가게에 들어섰어.

'오늘은 인도에서의 마지막 날이니까 좋은 거 먹자!'

친구는 소고기 스테이크, 나는 치킨 스테이크를 주문했지. 하지만 한국인 특유의 음식을 나누어 먹는 문화가 있잖아.

'한 입씩 나눠 먹자~'

조심스럽게 친구의 스테이크를 포크로 찍어 입에 넣었어. 의외로 먹을 만해서 맛있게 먹었지.

그렇게 인도에서의 마지막 만찬을 마무리하고 친구는 공항으로, 나는 다시 바라나시로 돌아왔어.

하지만 문제는 다음 날 새벽이었어. 숙소에 도착해 곤히 잠든 나는 새벽녘에 갑작스런 복통 때문에 눈을 떴지. 말로 표현하기 힘든 통증이었어. 땀을 뻘뻘 흘리며 침대 위를 때굴때굴 굴렀고, 그렇게 사흘 동안 끙끙 앓았어. 그 시골 마을엔 병원도, 의사도 없어서 허름한 숙소 안에서 '내가 여기서 죽는구나'라는 생각이 들더라.

사흘을 침대에서 내려오지도 못하고 버텼지. 그리고 겨우 정신을 차리고 나서 앉을 수 있게 됐을 때 퍼즐처럼 하나하나 상황이 떠올랐어.

힌두교의 땅, 인도. 소는 신성한 존재. 당연히 소고기는 먹지 않는다.

그런데 그 땅에서 스테이크를 판다고?

그 고기, 신선했을 리가 없다.

'대체 왜… 왜 하필 소고기를 시켰을까.'

한국에 돌아간 친구에게 연락을 해보니, 놀랍게도 비행기에서 내릴 때까지는 괜찮았는데 집에 도착하고 나서 배가 엄청나게 아파 일주일은 고생했다고 하데.

그 소고기 스테이크, 뭔가 있었던 거야.

그 일을 겪은 뒤로 나는 인도에서는 고기를 먹지 않게 됐어. 딱 하나, 치킨만 빼고. 그러니 지산, 여행을 간다면 꼭 기억해. 인도에서는 가능하면 고기는 안 먹는 게 좋다는 걸."

텃밭에 물을 주며 자급자족을 배우다

아침마다 커피를 마시고 있으니까 부지런해 보였는지, 어느 날 어떤 친구가 섬을 나갔다 올 테니 자기 대신 텃밭에 물주기를 부탁했다. 그동안 텃밭에는 관심조차 없어서 물을 주기 전까지 무슨 식물이 심겨 있는지 몰랐다. 대파, 상추부터 옥수수까지 열 종류가 넘는데, 당장 먹을 것부터 몇 달 후에 먹을 것까지 다양한 작물들이 텃밭에서 자라고 있었다.

불명 캠프의 아침 식사는 개인 선택이고, 점심과 저녁은 요리하고 싶은 친구들이 자발적으로 모여 준비했다. 물론 아무도 준비하지 않을 때도 있는데, 그때는 어머니의 마음을 가진 친구가 나타나 밥을 후다닥 해 먹여서 굶은 적은 없었다.

이날도 텃밭에 물을 주고 야외 주방 근처에서 커피를 마시며 여유를 즐기는데, 점심을 준비하고 있던 친구가 나에게 부탁을 했다.

"텃밭에서 대파 세 줄기랑 상추 한 바구니, 표고버섯 두 주먹 정도 가져다줄래?"

"응? 여기에 표고버섯이 있어?"

이런 오지에 고급 식재료가 있다는 게 신기했다.

캠핑장 구석에 조악하게 만들어진 나무 계단을 타고 열 걸음 정도 올라가니, 숲 속에 지름이 30~40cm는 돼 보이는 통나무들이 삼각형 모양으로 엮인 채 열 개씩 세워져 있었다. 버섯은 채취해도 다시 자라나기 때문에 몇 번씩 먹을 수 있다고 했다.

초이에게 먹을 수 있는 풀이 어떤 것인지 배웠기에 풍족하게 나물 반찬을 얻을 수 있었고, 갯벌에서는 조개를 얻었고, 몇 명의 노동력만 있으면 어망 낚시로 각종 해산물도 얻을 수 있었다.

닭장에서 닭들은 달걀을 낳을 예정이고, 그 옆 텃밭에는 각종 채소들이 자라고 있다. 때로 섬에서 농사짓는 분들의 일손을 거들어주고 쌀과 구황 작물을 받았다.

볼음도에서 겨우 보름밖에 생활해보지 않았지만, 겨울 식량만 준비한다면 자급자족의 삶이 가능해 보였다.

돈을 벌고 쓰는 것을 익숙하고 당연하게 느끼기에 이런 자급자족적인 삶을 잠깐의 일탈로 즐기고 있었지만, 한편으로는 직장을 다니며 월급으로 생활하는 방식에 많이 지쳐 있었다. 십여 년을 직장만이 전부라고 여기며 살아왔다. 그러다 작년 겨울부터 다른 방식으로 살고 싶어졌다.

다른 생활방식은 배운 적도 없고 알지도 못하기에 계속 고민하며 방법을 찾았고, 어떤 일이든 해보자고 마음먹던 중에 불명 캠프에 왔다. 우연히 꿈에 나타난 용자를 쫓아 불명 캠프에 오게 된 것은 어쩌면 큰 행운이었다.

2부
길멍, 우리를 만나다

불멍 캠프에서 길멍 캠프로

불멍이든 길멍이든 내 캠프 돌려줘!

볼음도에 온 지 3주쯤 지났다. 자급자족 생활과 각종 워크숍, 그리고 아무것도 하지 않아도 되는 여유를 즐기며 불멍 캠프에 흠뻑 빠져들었다. 캠프가 닷새밖에 남지 않자 열기는 점점 뜨거워졌고, 캠프 마지막 날이 다가올수록 매일 더 신나는 저녁 파티가 열렸다.

하지만 나는 갑자기 일이 생겨 도시로 나가게 됐다. 다행히 여러 친구들의 요청으로 불멍 캠프를 열흘 더 연장하기로 결정됐다. 나는 짐과 텐트를 그대로 놔두고 볼음도를 나왔다.

도시에 돌아와 일을 하며 하루하루 불멍 캠프에 돌아갈 날만 기다렸다. 드디어 볼음도로 출발하기 전날 용자에게 전화를 걸었다.

"내일 볼음도로 출발하려는데 먹고 싶은 거 있어?"

"불멍 캠프 끝났는데?"

"뭐라고?"

열흘 더 하겠다고 했던 불멍 캠프는 이미 끝나 있었다. 연장한 날짜와 상관없이 5월이 지나자, 걸어왔던 초이는 또다시 걸어서 대구 집으로 돌아가겠다고 나섰다. 열 명이 넘는 친구들이 초이처럼 걸어가겠다며 바리바리 짐을 싸 볼음도에서 강화도로 떠났다.

캠프를 연장시켜 달라고 요청해놓고는 금세 마음을 바꿔 캠프를 떠나버린 친구들과 약속하고선 지키지 않은 캠프 측이 야속했다. 내일부터 나는 불멍 캠프에서 노래 부르고 춤추며 자유를 만끽할 기대감에 부풀어 있었다. 맛있는 사탕을 맡겨놓고 잠깐 심부름을 다녀왔더니, 친구들이 내 사탕을 다 먹어버린 것처럼 허탈한 심정이었다.

캠프 마지막의 뜨거운 열기를 제대로 즐기지 못한 아쉬

움이 너무 컸다. 내 마음을 아는지 용자는 불명 캠프 친구들의 소식이 궁금하면 SNS에 올리고 있으니 들어와서 보라고 이야기해주었다.

움직이는 게더링을 하며 친구들이 하고 싶은 것들

아쉬움에 불명 캠프가 SNS에 올린 소식을 유심히 읽어보았다.

이미 열 명이 넘는 친구들이 유상 님의 초대를 받아 볼음도에서 걸어서 강화도의 '우리꽃자리 펜션'이라는 곳으로 걸어갔다. 펜션에서 이틀간 머물면서 타마는 볼음도에서의 생활을 담은 자작 노래를 만들어 한 달간의 불명 캠프를 마무리했다.

갯벌 블루스

그대 두 눈을 볼 때면 난 사실 마음이 슬퍼
작고 작은 그물 속 꽉 끼어버린 그대의 몸
난 슬퍼 거친 파도 속 상처투성이의 그대의 몸
농어 숭어 전어 서대 황석어 밴댕이
이 노래를 당신께 드려요

이 노래는 볼음도 캠프

우리 함께 바다로 떠나보아요

  이틀간 많은 대화를 나눈 끝에 친구들은 '움직이는 게 더링'이라는 상상력을 더해서 불멍 캠프에서 길멍 캠프라고 이름을 바꾸었다. 그리고 불멍 캠프의 감동을 계속 이어가고 싶어 했다.

  유상 님이 주신 프린트물 「자신과 타인과 함께 있는 법. 자신에게 진실한 원형 대화. 왐파노그족 북미 원주민 느린 거북」•을 읽고는 이 글을 길멍 캠프의 정신으로 삼아서 자기 자신에게 진실하고 친구들에게 솔직하기로 마음을 다졌다. 대략의 내용을 정리하면 다음과 같다.

원을 그리고 앉아 대화하는 것.

자기 자신과 함께 있지 못하는 사람은 당연히 타인과도 함께 있지 못한다. 자기 자신과 함께한다는 것은 자신에게 정직하고 솔직하다는 뜻이다.

- 이 글은 류시화가 인디언의 연설문을 엮은 책 『나는 왜 너가 아니고 나인가』에 나오는 왐파노그족 '느린 거북'의 「이름으로 가득한 세상」에 나오는 글을 발췌한 것이다.

원을 이루고 앉아 각자 자신의 문제를 솔직하게 털어놓는다. 장황한 이론은 필요 없으며, 있는 그대로의 진실을 말하면 된다.

사람들은 오랫동안 진실을 숨기거나 상대를 속이는 데 익숙해져 처음에는 솔직하기 어렵다.

인디언 사회에서는 남녀 모두 눈물을 흘리는 것이 약점이 아니며, 우는 것은 웃는 것과 똑같이 자연스러운 현상으로, 전혀 부끄러워할 필요가 없다.

그렇게 길멍 캠프가 시작됐다. 불멍 캠프에서 받았던 영감을 되새기려고 걷는 용자, 서바이벌 캠핑을 하고 싶은 민지, 명상하며 걷는 초이, 만주까지 가고 싶은 타마, 그리고 가벼워지고 싶어 하는 영원까지….

길멍 캠프 친구들을 만나자 아쉬운 마음이 녹아내렸다

며칠 후, 걷고 있을 친구들이 궁금해 용자에게 전화를 걸었다. 타마와 영원은 짐을 다시 꾸려서 중간에 합류하기로 했고, 불멍 캠프에서 친하게 지냈던 세 명의 친구들이 길멍 캠프를 하면서 인천의 우동사로 걸어오고 있다는 소식을 듣게 됐다.

인천으로 들어오는 교차로에 미리 마중하러 나갔다. 햇볕에 검게 탄 얼굴, 등 뒤로 보이는 무거운 백팩 그리고 때가 잔뜩 낀 너덜너덜한 옷까지, 누가 봐도 불명 캠프에서 봤던 친구들이 저만치 보였다. 반가움에 몇십 미터를 뛰어가 한 명씩 부둥켜안고 인사를 나누었다.

초이, 민지, 용자 세 명에게 걷는 여행에 대해 이야기를 듣다 보니 어느새 우동사에 도착했다.

길명 친구들은 휴식과 정비의 시간을 가졌고, 우동사의 다른 층 빌라 친구들이 놀러 와서 이런저런 이야기를 나누다 잠자리에 들었다.

띵동~ 띵동~

새벽에 누군가 벨을 누른다.

잠귀가 밝기에 바로 깨서 밤새 길명 캠프 친구들과 이야기하다 잠들었던 걸 기억해냈다. 내 집은 아니지만 누군지 확인하러 나가보았다. 지난 달 불명 캠프를 같이했던, 열 명이 넘는 친구들이 길명 캠프 친구 세 명을 보러 이날 새벽에 우르르 몰려왔다.

자고 있던 길명 캠프 친구들을 깨워서 이야기를 나누고 마사지도 해주고는 아침에는 거짓말처럼 다들 사라졌다.

나처럼 불멍 캠프가 끝난 아쉬움이 커서 그 마음을 달래려고 왔었나 보다. 나도 이제 친구들을 봤으니 마음이 어느 정도 채워진 듯했다.

슬슬 돌아가려 생각하고 있을 때, 짐 정리를 마친 타마가 우동사에 찾아와 가볍게 한마디 던졌다.

"같이 길멍 캠프를 하는 거 어때?"

"응? 근데 길멍 캠프가 뭐야?"

"길을 걸으며 멍 때리는 캠프. 그렇지만 난 만주를 향해 가는 여정이지."

"근데 왜 만주야? 너무 멀잖아."

"선조들이 살았던 땅이잖아. 한번 가보고 싶어. 비행기를 타고 쌩~ 돌아간다 생각하면 멀지. 그렇지만 통일만 된다면 걸어서 갈 수 있는 거리야. 하지만 지금은 주변국을 통해서 가야겠지. 일본이나 중국이나 대만이나 러시아나…. 걸으면서 친구들과 연결돼 국가가 생기기 전처럼 하나가 될 수 있을 거라고 생각해."

"우와~ 뭔가 거대하다. 나는 국내도 아직 못 가본 곳이 많은데…. 만주는 너무 멀지 않아?"

"상관없어. 우선 국내부터 천천히 걸으면서 시작하는 거지."

"그래? 난 샌들을 신어서 걷는 여행은 좀 힘들 거 같은데, 운동화가 없어서 안 되겠어."

나는 불멍 캠프가 좋아 온 것이지 걷고 싶은 생각은 1도 없었기에 가볍게 거절하고는 내일 돌아가야겠다고 생각했다.

우연히 생긴 운동화 때문에 시작한 길멍 캠프

회색으로 보이지만 원래는 흰색이었을 단화 스타일의 필라 운동화. 겉은 낡았지만 밑창은 아직 쓸 만했고 운동화 끈도 너덜너덜했지만 신을 수는 있을 것 같았다.

"지산, 여기 운동화. 270이야. 이제 길멍 캠프 같이 할 수 있지?"

타마가 구입한 지 최소 일 년은 돼 보이는 흰색 운동화를 내 앞에 들이밀었다. 어제 타마가 길멍 캠프에 대해 이야기한 후 내 신발 사이즈를 묻기에 별 생각 없이 알려줬는데, 일이 이렇게 될 줄이야. 단 하룻밤 새에 운동화가 어디서 났는지 궁금했다.

"동네 헌옷함 위에 올려져 있었는데 사이즈가 맞아서 가져왔어."

분명 낡아 보이기는 한데 그래도 어떻게 하룻밤 만에

이런 걸 구해 올 수 있는지 타마의 집념에 마음속으로 감탄했다. 사실 운동화가 없다고 에둘러 거절한 건데, 타마는 내 말을 곧이곧대로 받아들였던 거다. 매우 당황스러웠지만 이번에도 가볍게 생각하고 말했다.

"응, 고마워. 운동화도 주워줬으니 하루나 이틀만 같이 할게."

불명 캠프에서는 자급자족할 수 있는 환경이 마련돼 있어서 그럭저럭 지낼 수 있었지만, 길명 캠프로 바뀌면 먹고 자는 것이 걱정됐다. 볼음도에서 인천까지 길명 캠프 친구들은 돈을 한 푼도 쓰지 않고 며칠을 걸어왔다. 하지만 나는 도시를 걸으면서 돈을 쓰지 않을 자신은 없었다.

"타마, 난 잠은 찜질방에서 자고 음식은 식당과 편의점에서 사 먹을 건데 괜찮아?"

"하고 싶은 대로 하는 거야. 전혀 문제없어."

먹고 자는 걱정이 없어지니 걷는 것쯤은 쉽게 할 수 있을 것 같은 기분이 들었다. 가벼운 마음으로 길명 캠프에 함께하기로 했다.

길명 캠프 친구들이 며칠간 쉬면서 재정비하고 있는 우동사는 빌라이면서 도심 한가운데에 있는 곳이다. 하지만 식물을 사랑하고 구속을 답답해하는 초이가 편히 쉴 수 있는 곳은 아니었다. 초이는 혼자서 보름이면 대구까지 걸어가는데, 볼음도에서 출발한 지 벌써 일주일이나 지났음에도 겨우 인천이었다.

같이 걷기로 한 친구들이 재정비할 동안 기다리기로 했지만 답답함을 참지 못한, 아니 참을 필요가 없는 초이는 아침 일찍 말도 없이 혼자 길을 떠났다. 뒤늦게 그 사실을 알게 된 길멍 캠프 친구들은 초이를 따라잡기 위해 급하게 짐을 챙겼다.

민지와 용자는 백팩에 경량 텐트와 침낭, 음식과 캠핑 용품들을 가득 넣어 매고 든든하게. 타마는 옷가지 몇 벌 그리고 식량으로는 햇반과 3분 요리만 챙겨서 봇짐 느낌으로 간편하게. 나는 갑자기 없던 신발이 생겨서 아무런 짐도 없이 신용카드와 핸드폰만 들고 산책 가듯이 가볍게.

같이 걷긴 하지만 길멍 캠프를 대하는 각자의 짐 무게와 마음의 내용은 달랐다. 얼떨결이었지만 타마 덕분에 불멍 캠프에서는 해비 캠퍼였던 나도 훨씬 가볍게 길멍 캠프를 시작할 수 있었다.

주운 자전거로 서울을
여행하며 노숙하기

산책하다 자전거를 줍다

파란 하늘에 새하얀 구름이 떠 있고, 그 아래에는 햇빛에 반짝이는 강물이 흐른다. 끝이 보이지 않는 산책길을 따라 오른쪽으로는 자전거 길이 깔려 있고, 푸르름을 자랑하듯 키 큰 나무들이 줄줄이 서 있다. 아침 공기는 차갑지만 시원하다.

민지와 용자 그리고 타마와 함께 경인아라뱃길을 따라 물길을 걸었다. 친구들과 함께 경치를 감상하며 걸으니 여행지에 온 것처럼 마음이 설렜다.

두 시간 정도 걷는 동안 짐도 거의 없는 가벼운 몸인 데다 언제든지 돌아갈 수 있다는 생각에 산책을 나온 것 같았다. 잘 닦아놓은 자전거 길을 따라 걷다 보니, 길 한쪽에 방치된 자전거들이 계속 눈에 들어왔다.

'멀쩡해 보이는데 왜 버렸을까?'

세 번째로 만난 빛바랜 자전거를 살펴봤더니 겨우 바퀴에 바람이 빠져 있을 뿐이었다.

내가 아까워하자 타마가 "우리가 바람을 넣어서 타고 가는 게 어때?"라고 제안했다. 나는 좋은 생각이라며 맞장구치고는 바람이 빠져 버려진 자전거를 주웠다.

주변에 자전거 수리점이 있는지 재빨리 검색해보니 걸어서 20분 거리에 한 곳이 있었다. 민지와 용자는 물길을 따라 계속 걷고, 타마와 나는 자전거 두 대를 수리한 후 다시 만나기로 약속하곤 잠시 헤어지기로 했다.

수리점은 한산해 보였다. 주위를 둘러봐도, 주인을 불러봐도 아무 기척이 없었다. 하지만 타마는 어떻게 해서든 수리하겠다고 마음먹었는지, 사무실로 들어가 주인의 핸드폰 번호를 찾아냈다. 통화가 됐고, 결국 30분이 지나 주인이 나타났다.

　주인아저씨는 바퀴에 바람을 몇 번 넣어보더니 말했다.

　"타이어는 아직 쓸 만한데 속에 바람을 넣는 고무가 터졌네."

　"교체하는 데 얼마예요?"

　"만 2천 원."

　가격을 듣고 나서 나는 수리할 마음이 없어졌다. 하지만 타마는 두 대 다 바람을 넣어 달라며 돈을 지불했다.

　수리하는 동안 자전거를 사들이기도 하는지 여쭤보니, 요즘엔 다들 바람만 빠져도 자전거를 버려서 자전거가 남아돌아 사지 않는다고 했다.

　타마에게 물었다.

　"길명 캠프 친구들은 자급자족하는 거 아냐?"

　"지양(더 높은 단계로 오르기 위해 어떠한 것을 하지 아니함)하는 거지. 난 거기에 매이고 싶지 않아. 이 자전거에 의미를 담아서 여행을 더 다양하게 할 거야."

　타마의 말에 나 또한 돈에 얽매이지 않고 자유롭게 길명 캠프를 해야겠다는 생각이 들었다.

　하늘 가까이 닿아 있는 푸른 나무들이 옆에서 응원하고, 끝없는 파란 하늘길이 머리 위로 펼쳐졌다. 저 멀리 초록색 산자락을 향해 검은색 아스팔트 길을 미끄러지듯이 달려 나가면 바람이 뺨의 땀을 식혀주듯 스쳐 지나간다. 가끔 검은색이나 하얀색의 차들이 뒤에서 경적을 빵빵 울리고 지나가 흠칫 놀라지만 이내 파란 하늘길에 시선을 뺏겨 하얀 구름을 따라잡으려고 페달을 밟는다.

불멍 캠프 하듯 자급자족하며 자전거 여행

자전거를 수리하느라 두 시간이나 흘려보냈으니, 친구들을 따라잡기보다 자전거를 타고 도시 외곽을 둘러보는 길로 가기로 했다. 한참 자전거를 타고 가다가 관공서 옆 정자에 멈춰 땀을 식히며 잠시 쉬었다.

"이제 밥 해 먹을까? 점심시간이 한참 지나서 그런지 엄청 배가 고프네."

식당에서 사 먹으려 했는데, 타마가 가져온 음식을 조리해서 먹자고 제안해서 자연스레 해 먹게 됐다.

"불을 피우려면 물가여야 하니까 물가까지만 자전거로 더 가보자."

하천이 흐르는 다리 밑을 10분 넘게 헤매다 적당한 곳을 찾아 자리를 잡았다. 나는 나뭇가지들을 종류별로 주워 모으고, 타마는 냄비를 주우러 돌아다녔다. 혹시나 초이에게 배운 먹을 수 있는 풀들이 있는지 같이 찾아봤지만, 초짜인 내 눈에는 쉽게 보이지 않았다.

오랜만에 불멍 캠프 느낌으로 모닥불을 피우고, 주워 온 냄비에 강물을 담아 끓이며 즉석식품을 데웠다. 3분 카레 하나를 나눠서 햇반에 비벼 먹는데, 어찌나 맛있던지…. 숟가락이 없어서 나무젓가락으로 긁어 먹었는데도 얼마나 배가 고팠는지 몇 분 만에 뚝딱 해치웠다.

경인아라뱃길에서 헤어진 친구들은 27km를 더 걸어서 서울 까치산까지 가고 있었고, 타마와 나는 자전거를 타고 신나게 달리느라 서울이 아닌 부천에 다다랐다.

자전거 길을 따라 가다 보니 뺑뺑 돌고 돌았다. 포클레인과 트럭이 보이는 공사장 길도 지나고, 차만 다니는 도로를 통과해 골목에 들어서니 1970~80년대로 시간여행을 온 것 같은 예쁜 골목길도 만났다.

평생 가볼 일 없는 곳들을 구석구석 다니다가 서울에 진입해 대형 마트를 보자마자 에어컨 바람을 쐬러 들어갔다. 민지, 용자와는 달리 텐트도 침낭도 없이 맨몸으로 길을 떠났기에 까치산에서 노숙하기 위해서는 준비가 필요했다.

"노숙하려면 추울 테니 이불이나 옷을 좀 주우러 헌옷

함이나 보러 갈래?"

나는 속으로 '찜질방에서 자려고 했는데…'라고 생각했지만 입에서는 다른 말이 튀어나왔다.

"그래, 타마가 신발도 주워줬는데 이 주변에 뭐가 있는지 살펴보자."

자전거를 끌고 골목길에 들어서니 저 멀리 초록색의 헌옷함이 보였고 그 위에 뭔가가 쌓여 있었다.

"뭐야!? 와! 이불이다. 패딩도 있고 청바지도 있어. 엄청 많아~"

폐지 줍는 걸 업으로 하는 사람도 아니고, 뭔가를 줍는다는 생각은 여태까지 한 번도 해본 적이 없었다. 그렇지만 막상 보니 도시의 헌옷함에는 옷들이 가득 쌓여 있었다.

주워준 헌 운동화에서 시작된 길멍 캠프는 바람 빠진 자전거를 주워 고쳐서 까치산까지 왔고, 냄비를 주워 밥을 해 먹고, 잠자리에 쓸 헌옷까지 줍기에 이르렀다. 모든 걸 다 갖추고 걷는 친구들과 달리 빈손인 나에게는 많은 것들이 쓸 만하고 고마운 물건이었다. 오히려 비워져 있기에 채울 수 있는 경험을 했다.

까치산 공원 정상에서 친구들을 만나 그간 걸어온 여정에 대해 이야기를 나누고 나서 잘 만한 장소를 찾아보는 사이 해가 지기 시작했다. 공원 산책길을 따라 푸른 나무들 사이로 노란 조명들이 켜졌다.

어두워진 것을 알아채고 고개를 들어보니 서쪽 하늘에서 붉은빛을 내며 노을이 지고 있었고, 잠시 후 노을이 진 길 위로 도시의 알록달록한 네온사인이 떠올랐다.

활 산장의 초대
그리고 열린 서클

노숙 중에 초대받은 활 산장

"으아~ 난 막걸리를 마셔야겠어~ 이 갈증과 배고픔을 참을 수 없어~"

근처 편의점을 검색해보았다. 지친 몸을 이끌고 공원 정상에서 약 10분을 내려가 막걸리를 네 병 사서 다시 까치산 공원 정상에 올라왔다.

아침에만 해도 밥은 사 먹고 잠은 찜질방에서 잘 거라는 가벼운 마음으로 길을 나섰지만, 자연스레 불명 캠프

때의 자급자족하는 모습으로 냄비도 줍고, 다리 밑에서 밥을 해 먹고, 걷거나 자전거를 타고서 인천에서 까치산 공원까지 내 몸을 혹사시켰다.

얻는 것이 있으면 잃는 것도 있는 법. 목적지에 도착해 긴장이 풀리자 엄청난 허기와 갈증 그리고 하루 종일 흘린 땀으로 머릿속에는 막걸리를 마셔야겠다는 생각밖에 없었다.

길멍 친구들에게도 막걸리를 권하고는 빨대를 꽂고 앉은자리에서 한 병 반을 들이켰다.

노숙할 만한 곳을 찾아 까치산 공원을 한 바퀴 둘러보고는 근처 공터에 자리를 잡기로 했다. 화장실이 근처에 있어 물도 쓸 수 있고, 생각보다 유동 인구가 적어 주변에 피해를 주지 않을 것 같았다.

자리도 잡았겠다, 식사를 하기 위해 친구들이 짐을 풀고 있으니 초이가 "난 탁발하고 올게"라고 말하고는 사라졌다.

'응? 탁발이 뭐지? 설마 내가 생각하는, 그 불교의 수행자들이 음식을 얻는 행위를 말하는 건가?'

궁금한 건 많았지만 곧 초이가 돌아올 테니 그때 물어보기로 하고 잠시 잊어버렸다.

저녁을 먹기 시작할 때쯤 초이가 돌아왔다. 들고 간 그릇에 밥과 봉지 라면을 얻어 왔다. 서울 한복판에서 식당을 찾아가 음식을 얻어 왔다는 게 믿기지 않는데 실제로 눈앞에서 보니 믿을 수밖에 없었다.

초이의 행동에 또다시 상식의 오류가 생겨서 머리가 명해졌을 때 마침 자리타가 찾아왔다. 자리타는 불멍 캠프에서 대안학교 학생들을 인솔하던 친구였다.

"안녕, 길멍 친구들~"

"어? 자리타! 반가워~ 여길 어떻게 알고 왔어?"

"SNS에 까치산 공원에 도착해서 노숙한다는 글이 올라왔기에 찾아왔지. 여기 호떡 먹어."

"고마워, 자리타. 온 김에 같이 저녁 먹자."

"응, 고마워. 나는 이미 먹고 왔지. 근데 활이 활 산장으로 길멍 캠프를 내일 초대했잖아."

"그래서 여기서 노숙하고 내일 아침에 다 같이 가려고."

"활이 길멍 친구들이 까치산 공원에서 노숙한다는 얘기를 듣고는, 오늘 밤에 미리 와도 된다고 했어. 어떻게 생각해?"

"그래? 그럼 저녁 먹고 같이 가자."

갑자기 없던 운동화가 생겨서 시작한 길멍이라 어디로

왜 가는지도 모른 채 그냥 친구들을 따라가는 중이었다. 그래서 방금 자리타의 말을 듣고는 활이라는 사람의 초대로 활 산장이라는 곳에 가기로 했다는 사실을 알게 됐다.

활은 불멍 캠프에 잠깐 찾아왔었는데 얼굴만 봤을 뿐 어울릴 기회는 없었다. 친구들 말로는 삶에 대한 교육을 하는 사람이라고 했다.

그렇게 저녁을 먹고는 노숙하려고 펼쳐놓은 짐들을 주섬주섬 다시 챙겨서 길을 나섰다.

산장에서 만난 인생 콜라

활 산장은 교육 공간으로 쓰는 곳이자 교육 이념을 공간화한 곳이었다. 3층 높이의 현대식 건물인데 전체가 덩굴 식물로 덮여 있어 멀리서도 한눈에 띄었다. 건물로 들어가 계단을 올라 입구에 들어서니 진짜 산장같이 내부 전체가 나무로 돼 있었고 활이 반갑게 맞아주었다.

"반가워~ 길멍 친구들. 먼 길 오느라 고생했어. 혹시 콜라 못 마시는 사람 있어?"

"다 잘 마셔요. 뭐든지 주시면 감사하죠."

"얼음 컵에 콜라 줄게. 땀을 많이 흘려서 수분을 보충해줘야 할 거야. 아, 그리고 씻고 싶은 사람은 화장실 이쪽에 있으니까 자유롭게 씻어."

"와~ 콜라 정말 맛있다! 어떻게 이렇게 맛있지!? 더 마셔도 돼요?"

"응, 여기 더 있으니 원하는 만큼 마셔."

미친 듯이 콜라가 들어갔다. 몸이 쫙쫙 빨아들인다고 해야 할까. 두 시간 전에 막걸리 한 병 반에 저녁까지 먹었다. 그런데 얼음 컵에 콜라 네 잔을 마시고는 콜라가 떨어져서야 멈췄다. 하루 종일 땀을 흘리고도 물도 못 마셔서 그런가, 여태껏 살면서 이렇게 맛있는 콜라는 처음이자 마지막이었다.

활은 길명 친구들의 갈증이 어느 정도 해소된 걸 보고는 따뜻한 차를 내주었다. '아~ 이 사람, 우리가 어떤 상태인지 너무 잘 알고 우리 몸에 맞게 필요를 채워주는구나' 라는 생각이 들었다.

길명 친구들은 지친 몸을 달래려고 각자 편안한 소파나 의자에 앉거나 바닥에 누웠다. 그렇게 몸이 이완된 상태에서 긴 시간 동안 담소를 나누었는데, 특히 기억에 남는 중요한 이야기들이 있었다.

"길명 캠프는 열린 서클을 향해 가야 해."

"열린 서클이 뭐죠?"

"서클은 공동체를 의미하는데, 공동체는 규칙과 틀을 가지고 있지. 그렇기에 그 공동체가 유지되고 생명을 가질 수 있어. 길명 캠프도 불명 캠프의 규칙과 틀을 그대로 이어받아서 왔다고 볼 수 있지."

"우리가 규칙이나 틀을 가지고 있다고 생각하지는 않는데요?"

"그렇지만 외부에서 볼 때는 그렇지 않지. 그리고 누군가 길명 캠프라는 이 서클에 들어오고 싶어 해도 이 규칙과 틀로 인해서 서클이 굳게 닫혀 있기에 들어올 수 없을 거야."

"그럼 어떻게 해야 하죠?"

"서클의 규칙이나 틀이 불변의 법칙처럼 절대화돼서는 안 되겠지. 어느 정도는 서클의 형체를 가지되 또 어느 정도는 틈이 있어서 서로 맞춰가며 참여할 수 있도록 열려 있는 부분이 있어야 해. 서클이면서 열려 있는 부분이 있는, 상황에 맞게 그때그때 유연하게 대처하는 열린 서클이 돼야 하는 거지. 그래야 많은 이들과 다 함께 오래갈 수 있을 거야."

"길명 캠프가 앞으로 풀어나가야 할 과제네요."

하루 종일 걸어서 나는 몹시 지쳐 있었다. 민지는 이미 자정쯤 바닥에 자리를 깔고 코를 골며 자고 있었다. 그런데 불을 끄고 어두운 상태로 몸과 눈을 편히 쉬게 하니, 몇 시간이든 생각에만 집중할 수 있었다. 모든 자극이 사라지고 오직 청각에만 집중한 채 활이 이야기하면 우리들은 그 얘기에 대해 5분이든 10분이든 각자 생각했다. 그러다 무언가 떠오르면 이야기하고, 궁금한 게 생기면 묻고, 생각이 더 필요한 친구는 더 생각했다. 그렇게 우리는 새벽 4시까지 이야기를 나누었다.

가양대교
노숙

영원의 유럽 자전거 여행 이야기

하룻밤 자고 일어나니, 짐 정리를 다시 한 영원이 길멍 캠프를 하러 활 산장에 찾아왔다. 같이 아침을 챙겨 먹고는 길을 걷기 시작했다.

길멍 친구들이 어디로 가는지는 궁금하지 않아서 물어보지도 않았다. 나에게는 같이 걷고, 먹고, 함께하는 것이 더 중요했다. 다만 서울을 벗어나 남쪽으로 간다는 것만 얼핏 들어서 방향은 대략 알고 있었다.

길멍 친구들은 걷고, 나와 타마는 자전거를 끌며 함께 움직였다. 잠시 후 자전거 끌기가 힘들어서 결국 올라타고는 도심 골목을 누비고 다녔다.

유튜브를 2배속으로 보는 것처럼 건물, 사람, 풍경들이 슝슝 지나갔다. 걷는 여행을 할 때와는 다른 속도감에 텐션도 높아졌다.

그러나 친구들과 걸을 때는 거리와 골목에 무엇이 있는지 옆 친구와 대화하고, 눈에 띄는 풀들에 대해서는 초이에게 물어보면서 이름과 구별하는 법을 들을 수 있었고, 가끔 마주치는 마을 사람들과 이야기도 나누었다. 옆에 친구가 있을 때 더 즐거웠던 것이다. 자전거는 너무 빠르고 외로웠다. 천천히 사람과 풍경과 거리를 알아가는 게 좋았다. 그제야 나는 걷는 여행이 더 좋다는 걸 알게 됐다.

맑은 날씨에 갑자기 하늘이 심술이라도 부리듯이 비가 내리기 시작했다. 가랑비라서 그냥 무시하려 했는데, 하늘이 어두워지는 걸 보니 더 큰 비가 올 것 같았다.

가양대교 입구에서 기다리고 있으니 저 멀리서 길멍 친구들이 우비와 우산을 쓰고 오고 있었다. 자전거를 탄 나를 보고는 영원이 말을 걸었다.

"자전거 타고 돌아다니니까 재미있지?"

"어, 완전 신나던걸. 그런데 혼자 여행하는 거 같고 대화도 못 하니까 나는 걷는 게 더 좋은 거 같아."

"맞아. 걷는 게 더 많은 것들을 만나게 해주지."

"그러니까. 걸을 때만 보이는 게 있더라고."

"예전에 유럽에 갔을 때 자전거에 텐트를 싣고 덤스터 다이빙을 하며 몇 달을 여행했어. 그때도 이렇게 종종 예고 없이 비가 왔지."

"응? 몇 달이나 텐트 치고 자전거로 여행했다고? 대단하다. 근데 덤스터 다이빙이 뭐야?"

"유럽에서는 그날 만든 빵을 영업시간에 다 못 팔면 그냥 버려. 우유나 과일, 샐러드, 치즈, 햄 같은 식품도 겉에 작은 스크래치만 있어도 버려버리지. 버리는 음식을 주인이 종이봉투에 잘 담아서 덤스터, 즉 전용 쓰레기통에 담아두면 노숙자들이 꺼내서 먹어. 근데 쓰레기통의 바닥 깊은 곳에 있는 음식을 꺼내는 모습이 마치 물속으로 다이빙하는 것 같다고 해서 '덤스터 다이빙'이라고 하는 거야."

"에이~ 말도 안 돼. 한국에서는 전날 만든 빵은 세일해서 팔고, 우유도 그냥 할인해서 파는데 유럽은 문화가 다른가 봐?"

"응, 그래서 잠은 텐트에서 자고, 음식은 덤스터 다이빙으로 해결하고, 먹고 싶은 게 있으면 사 먹으면 되는데 많이 비싸. 그렇게 몇 달을 여행했어."

"와~ 나도 한국에서 덤스터 다이빙을 연습해서 꼭 돈 없이 유럽 여행을 하고 말 거야!"

"한국에서 연습을? 유럽에서는 낯선 사람을 재워주지는 않지만, 음식은 주워 먹을 수 있지. 동남아는 버려지는 음식은 없지만, 처음 보는 사람도 재워주고 먹을 것도 주고 정이 많아. 한국은 어떤지 모르겠네."

"그래? 나라마다 다르네. 한번 해보면 알겠지."

"그래, 같이 한국에서 한번 시도해보자."

영원과 나눈 덤스터 다이빙에 대한 대화는 돈 없이 여행할 수 있는 방법을 나에게 열어주었다.

나무가 우거진 숲길을 헤치며 10분 정도 걷다 보니 갑자기 시야가 확 펼쳐졌다. 저 멀리 오른쪽 하늘에는 회색의 가양대교가 걸쳐 있고 그 밑으로 푸른 텃밭이 쭉 펼쳐져 있었다. 왼쪽에는 갈색 나무들로 조악하게 지어진 오두막도 한 채 보였다.

술 사러 갔다 온 사이 생긴 일

우리가 가양대교를 건너는 중에 바람은 더욱 거세졌고,

우산이 있다 해도 옷이 계속 젖어서 더 걷는 것은 무리였다. 결국 쉴 곳을 찾으며 걷기 시작했다. 도시에서 비를 피할 곳을 찾는 건 쉬우면서도 어려웠다.

초대받거나 돈을 지불해서 편하게 비를 피하고 쉴 건물들은 많지만, 돈 없이 자급자족하는 이가 비를 피할 곳은 거의 없는 듯했다. 그렇지만 이런 여행이 익숙한 초이는 바라보는 관점이 다른지 생각지도 못한 말을 했다.

"우리가 지나온 가양대교 밑은 어때?"

"오, 신박한데? 그렇지만 다리 밑으로 갈 수 있는 길이 없지 않아?"

"이쪽 숲으로 들어가서 다리 밑으로 갈 수 있는지 길을 찾아볼게."

"그래, 찾으면 전화해줘."

그렇게 나무 밑에서 비를 피하면서 기다리고 있으니 곧 전화가 왔다.

"숲길로 10분 정도 들어오면 밭을 지나서 공터에 비를 피할 곳이 있어."

"그래? 그럼 난 술을 좀 사 올게. 비에 젖어서 추울 테니까 몸을 데워야지."

길을 떠날 때부터 나는 찜질방에서 자고 편의점과 식당

에서 밥을 먹으며 여행하겠다고 말했다. 다른 모든 것들은 주워 쓰고 얻을 수 있었지만, 술은 그럴 수 없기에 나의 기준에서 술만큼은 유일하게 마음에 걸리는 것 없이 돈을 주고 사도 되는 것이었다. 술은 내가 친구들과 함께하기 위한 최선의 타협점이었다.

술을 사 오느라 40분 넘게 걸렸는데 저 멀리서 친구들이 40ℓ는 돼 보이는 백팩을 맨 채 여태껏 서 있었다. 한 달 넘게 같이 생활해왔기에 손발이 척척 맞아서, 이 정도 시간이 지났으면 진즉에 텐트를 쳐놓고 요리를 하고 있을 시간이었다. 나는 그 모습을 보고 서로 다툰다고 생각해 급하게 뛰어갔다.

"무슨 일이야? 왜 싸우고 그래?"

"싸우는 거 아니야."

"응? 싸우는 게 아니라고? 술 사 오느라 40분도 더 지났는데, 아직도 비에 젖은 옷 그대로 짐을 들고 서 있는데 싸우는 게 아니라고?"

"얘기 나누고 있었어."

무거운 짐을 그대로 메고 몇십 분이나 언성을 높이며 서 있는 모습, 내가 보기엔 심각한 다툼으로 친구들이 길멍 캠프를 그만둘 것처럼 보였다. 그러나 친구들의 말처럼 곧 바로 언제 언쟁을 했냐는 듯이 평소의 모습으로 돌아갔다.

"결과가 중요한 게 아니라 함께 과정을 이야기하는 것이 중요해."

그들의 말처럼 정말 싸우는 것이 아니라 이야기를 나누고 있었던 건가. 낯설었지만 인상적인 장면이었다.

비 오는 날 다리 밑에서 벌인 술자리

해가 지기 전에 텐트를 치고 자리를 잡아 요리를 시작했다. 젖은 몸을 녹이며 따뜻한 밥과 술을 먹고 나니 슬슬 옛날이야기가 하나둘씩 나왔다. 비까지 추적추적 내리고 있으니 분위기가 더욱 무르익었다.

단골 소재인 지난 사랑 이야기가 나오자 나는 10년 전의 이야기를 꺼내놓았고, 민지도 내 이야기에 수긍하며 볼음도로 오기 전에 있었던 이야기를 털어놓기 시작했다.

"볼음도 오기 전에는 회사에서 프로그래머로 일했어. 그런데 모르는 사이에 파벌이 만들어져 라인이 생긴 거야. 나는 그런 게 싫기도 해서 일만 열심히 하면 되겠지 생각했어. 그런데 어떡하든 라인에 들어가게 하는 바람에 어쩔 수 없이 아는 선배의 라인이 되었지. 그런데 일이 이상하게 꼬이더니 내가 퇴사를 해야 하는 분위기가 만들어지는 거야. 이참에 일을 그만두고 평소에 하고 싶었던 서바이벌 캠핑을 하려고 지리산에 들어갔어. 그때 감자를 만나서 불멍 캠프를 소개받고 같이 간 거지."

"응? 그럼 감자는 예전부터 알던 사이가 아니야?"

"몇 달 안 됐어. 지리산에서 처음 봤으니까. 그렇게 불멍 캠프를 오고 나서 여자친구와 다툼이 시작됐지."

"아~ 그게 그 이야기구나. 내가 불멍 캠프에 갔던 첫날 밤 말이야. 인디언 티피에 초대받아 들어갔더니 마침 민지가 이별 이야기를 하고 있었지. 분위기를 보고 '내가 있어도 되는 자린가?' 생각했잖아."

"지산이 그날 왔구나. 아는 이야기니까 넘어가자. 나도 참 어이가 없는 이별이었어. 그건 그렇고 난 초이의 사랑 이야기가 궁금한데."

초이는 한 달 전 불멍 캠프에서부터 친구들이 술을 권했지만 술은 안 먹는다며 한사코 거절했다. 그런데 백세주를 보고는 '예전에 많이 마시던 술이네'라면서 처음으로 술 마시는 모습을 보여주었다.

"흠, 직장 생활을 할 때 만났는데 결혼 이야기까지 오갔던 친구가 있었어. 몇 년을 만났더라? 뭐, 그게 중요한가. 결국 헤어졌으니까."

"응? 그게 끝이야? 자세히 얘기해줘~"

"헤어지고 얼마 안 됐을 때야. 나라에 큰 사건이 터져서 일을 그만두고, 동남아의 여러 나라를 돌아다녔어. 그러다가 미얀마의 자연과 평화로운 분위기가 너무 좋아서 거기서 몇 년을 지냈지."

"아니, 갑자기 연애 이야기는 왜 마무리하는데?"

"흐~음~ 글쎄~ 술이 다 떨어졌는데?"

"백세주 다 먹었다고 얘기 안 해주는 거야?"

"고민 좀 해볼게."

"백세주 한 병밖에 안 사 와서 억울하네. 누가 백세주 한 병만 더 사다줘."

그렇게 웃고 떠들다가 슬슬 잠자리에 들 참이었는데, 활 산장에서부터 같이 걸어왔던 자리타가 비가 그치지 않으니 자기 집에서 자는 게 어떻겠냐고 제안했다.

그때까지만 해도 초이는 대구에서 볼음도까지 노숙하며 걸어왔는데 나도 그렇게 못할 이유가 없다 싶은, 근거 없는 자신감이 있었다. 하지만 비도 오고, 자리타의 제안에 자신감은 쏙 들어가고 꼭 같이 집에 가서 자야겠다는 마음이 일었다.

초이와 용자, 민지는 가양대교 밑에서 노숙을 하기로 했고 나와 타마와 영원은 자리타 집에서 자기로 했다.

비가 그치고 조용하고 인적 없는 도심의 야경을 감상하며 천천히 걸었다. 평생 다시 올 일이 있을까 싶은 밤늦은 한강의 밤길은 비가 온 후의 땅 냄새와 차 한 대 없는 8차선 도로, 그리고 사람 한 명 다니지 않고 파란불만 깜박이는 신호등까지, 내가 아는 한강이 아닌 것 같았다.

한 시간 넘게 걸어 집에 도착하자 자리타의 형제자매들인 하야티와 도랑이 우리를 반겨주었다. 미리 만들어놓은 음식과 막걸리를 대접해주었고, 젖은 몸을 따뜻한 물로 씻을 수 있도록 욕실도 내주었으며, 편한 잠자리도 마련해줘서 영원과 타마는 금세 잠이 들었다.

하지만 잠귀가 밝은 나는 모기 소리에 잠을 이루지 못했다. 두 시간 넘게 모기와 사투를 벌인 끝에 여섯 마리의 모기를 다 잡고 나서야 새벽 3시 반쯤 겨우 잠들 수 있었다.

한강에서
첫 덤스터 다이빙

성미산마을에서 만난 대안학교 학생들

"오늘은 10시까지 성미산마을에 도착해야 하니까 갈 준비하자."

"응? 성미산마을엔 왜?"

"아~ 지산에게는 얘기 안 했나? SNS에서 길명 캠프를 보고는 근처에 있으니까 초대해주셨어."

자리타 집에서 여유를 부리며 아침을 먹고 있는데, 타마의 설명에 조금 당황스러웠다. 어디로 가든 중요하게 생각하지 않았기에 물어본 적도 없지만, 너무 관심을 안 가지고 있었기 때문이다.

"그렇구나. 여기서 얼마나 걸어가야 돼?"

"한 시간이면 충분할 거야."

급히 아침을 마저 먹고, 며칠을 함께한 자전거를 자리타 형제자매에게 선물로 주고 나와 타마는 걷기로 돌아왔다.

일반 주택들 사이로 이색적인 디자인의 건물 입구에 들어섰다. 대문은 없고 왼쪽에는 커피숍 같은 통유리 건물이 있는데, 오른쪽 외벽을 따라 다채로운 벽화들과 성미산마을 구석구석을 놀이동산 지도같이 그려놓은 안내도가 있었다.

"여기가 성미산마을회관이야. 여기서 만나기로 했어."

타마가 말했다.

성미산마을은 공동 육아를 하며 학교와 놀이 공간, 집까지 모든 공간이 같은 생각을 하는 사람들로 이루어진 마을이다.

2층으로 올라가니 넓은 세미나실에 에어컨이 틀어져 있었다. 더위를 식히며 십여 분가량 기다리고 있자니 고등학생으로 보이는 성미산학교 학생들과 선생님으로 보이는 이들이 들어왔다.

이곳에 와서야 알게 됐는데, 대안학교 졸업 예정인 친구들이 길명 캠프를 하는 우리들에게 신선한 자극과 선한 영향을 받았으면 좋겠다는 생각으로 선생님들이 자리를 마련한 것이었다.

한 학생이 우리에게 먼저 말을 꺼냈다.

"무엇을 위해서 걷고 있는 건가요?"

가장 의욕이 넘치는 타마가 먼저 대답을 했다.

"이 질문에는 각자 이유가 다 달라요. 제 이야기를 해보자면 만주를 향해 걷고 있어요."

"왜 만주를 향해 걷고 있죠?"

"만주를 향해 걸으면서 중국과 일본, 대만 그리고 러시아까지 대한민국을 둘러싼 나라들과 교류하면서 우리는 하나라는 마음을 가졌으면 해서요."

"대만과 일본까지요?"

"네, 배로 갈 수도 있고 걸어갈 수도 있고 비행기를 타고 갈 수도 있겠죠. 어떤 방법으로 갈지는 모르지만 만나는 사람들을 하나로 연결하고 싶어요. 그래서 외국어도 공부했죠. 중국어, 일본어, 대만어는 할 수 있는데 러시아어는 아직 몰라서 걸으면서 틈틈이 공부하고 있어요."

"그럼, 다른 분들도 다 만주를 향해 걷고 있나요?"

옆에 있던 초이가 학생을 향해 덤덤하게 답해주었다.

"저는 대구 집으로 걸어가는 중인데 친구들이랑 함께 가고 있어요."

"그럼 걷는 것에 대해서 이유가 없나요?"

초이의 대답에 이 학생은 더 큰 이유를 찾고 있었다.

나는 많이 걷지는 않았지만 불명 캠프부터 길명 캠프까지 함께하며 조금은 깨달은 게 있어서 초이 대신 그 학생의 물음에 답했다.

"저는 한 달간 친구들과 캠핑으로 다른 삶의 방식을 배웠는데, 그것을 더 알아가기 위해 새로운 삶을 실험해보는 방법 중 하나로 걷고 있어요."

그 후로 걷는 이야기에서 시작해 앞으로의 진로 문제까지 많은 이야기들이 오갔다.

일반 학교가 아닌 대안학교를 졸업할 예정인, 눈앞의 성미산학교 학생들은 수능을 보고 대학을 가는 친구들과는 삶이 달라 보였다. 수능을 본 후 세상이 다 끝난 것처럼 행동하거나 장밋빛 미래로 가득한 대학 생활을 상상하는 모습이 아니었다. 현실을 냉정히 바라보며 자기 삶을 개척해 나가고 싶어 하는 눈빛이 느껴졌다.

나 또한 정규 교육의 단점을 몸소 느낀 사람 중 하나였다. 그 갈증을 해소하고 싶어서 대학에서 청소년 교육을 전공했다. '왜 학교에서는 사회생활에서 필요한 기술과 정보는 가르쳐주지 않는 걸까?' 궁금했다. 20대에 어렴풋이 답을 찾은 것 같았지만, 회사 일과 하루하루의 삶에 치여 덮어둔 채였다.

성미산학교 학생들은 세계 각지를 여행하거나 배우고 싶은 기술이 있다면 반년이든 일 년이든 시간을 들여 배우고 홀로 설 수 있는 연습을 한다.

나도 이 학생들 같은 학창 시절을 보내고 싶었지만, 지금 그 모습을 직접 보는 것으로 아쉬움을 달래기로 했다. 마을 주민 한 분이 성미산학교와 주민들이 운영하는 공방들, 그리고 공동 육아를 하는 어린이집을 안내해주었다. 그렇게 몇 시간 동안 마을을 구경한 뒤 길명 캠프는 다시 길을 떠났다.

다들 한강공원 피크닉을 즐길 때 나는 덤스터 다이빙

"이제 우리 어디로 가지?"

"남쪽으로 가. 근데 햇볕이 너무 뜨거우니 시원한 데서 잠시 쉬자."

"잠깐만 지도 좀 볼게. 저쪽으로 가면 한강이 있네. 거기서 쉬다 해가 지면 출발하자."

맑은 날씨에 많은 이들이 한강변에 나와 더위를 피하고 있었다. 가까이 가서 보니 바람 부는 시원한 자리에 돗자리를 펴고, 배달 음식이나 도시락을 먹으면서 한가로운 하루를 보내고 있었다. 좋은 자리는 이미 가득 차 있었고, 길멍 캠프 친구들은 그나마 물가와 가장 가까운 계단에 앉아 더위를 피하기로 했다. 비록 옷은 땀에 절고 배는 고프지만, 한강공원에서 시원한 강바람을 맞으며 앉아 있으니 여름휴가를 온 듯 기분이 들떴다.

주변을 둘러보던 영원이 갑자기 말을 꺼냈다.

"지산, 덤스터 다이빙 해보지 않을래?"

"웅! 근데 여기서? 며칠 전에 하고 싶다고는 했지만 이렇게 빨리 하게 될 줄 몰랐네."

"여기 분위기 보니까 가능할 거 같아."

"흠, 기회가 왔을 때 해야지. 그래 지금 하자! 어디로 가면 돼?"

"저쪽에 쓰레기 버리는 데가 있더라고. 우선 저기로 가보자."

영원의 갑작스러운 제안에 잠시 멍했지만 이내 정신을 차렸다. 혼자서는 할 용기가 없었지만 왠지 영원과 같이 한다면 할 수 있을 것 같았다.

    우리는 한강공원 초입에 있는, 사람 키만 한 대형 쓰레기통에 가서 무엇이 들어 있는지 들여다봤다.

"봉투들이 엄청 많네."

"들어봐서 가벼우면 다 먹어서 없는 거니까 그냥 놔두고, 묵직한 건 음식이 남았다는 거니까 한번 열어봐."

"아, 그런 방법이 있구나. 예상 밖으로 포장해 온 그대로 예쁘게 버려놨네."

"유럽에서는 아예 종이봉투에 잘 담아서 버려."

    치킨 봉투와 음료수 포장지가 가장 많았다. 그중 두툼해 보이는 큰 봉투 하나를 집어 들었다.

"우와, 치킨을 반도 안 먹고 그대로 넣어놨네. 김밥도 두 줄 있고, 속 재료도 들어 있어."

"김밥은 쉬었을지 모르니까 냄새 한번 맡아봐."

"응, 괜찮아. 먹을 수 있겠어."

"그럼, 그거 가져가자."

    반신반의했는데 정말 말도 안 되는 상황이었다. 먹을 수 있는 음식이 그대로 들어 있다니…. 돈이 봉투에 예쁘게 담겨 쓰레기통에 들어 있는 것처럼 반가웠다.

    이렇게 먹을 수 있는 음식을 봉투에서 발견한 후로는

나에게 덤스터 다이빙은 맛있는 음식이 나오는 매우 신나는 뽑기이고 놀이가 됐다.

음식을 챙겨 길명 친구들이 쉬고 있는 강가로 갔다.

"응? 초이는 어디 갔어?"

"풀 뜯겠다고 갔어. 한참 됐으니 곧 오겠지. 다른 친구들은?"

"민지는 저기서 혼자 몰래 햄버거 먹고 있기에 내가 눈인사만 했어."

"타마, 이거 먹어볼래? 이래 보여도 상태가 괜찮아."

영원의 권유에 타마는 당혹스러운 표정을 지었지만, 이내 평정을 되찾았다.

"나는 내가 챙겨 온 걸로 먹으면 돼. 고마워."

"용자도 먹어볼래?"

용자에게 권했더니, 웬걸⋯ 깜짝 놀라 손사래를 치며 거절했다.

"아니! 아냐! 괜찮아!"

영원과 나는 신중하게 냄새도 맡고 맛도 살짝 보며 상했는지 확인한 후 맛있게 음식을 먹기 시작했다. 포장지를 펼쳐놓고 먹고 있으니 배달돼 온 지 10분 정도 지난 상태로 보일 뿐 전혀 버린 음식으로 보이지 않았다.

그 모습을 보던 용자가 용기를 내서 한입 맛보더니 괜찮다며 옆자리에 앉아 본격적으로 먹기 시작했고, 타마도 곧 와서는 한두 개 집어 먹었다.

한강에서 해 지는 모습을 보며 길멍 친구들과 뜻밖의 메뉴로 호화로운 저녁 식사를 했다.

첫 탁발의
설렘과 현기증

필요한 물건을 만나는 행운

하얀 해가 지고 나자 검은 길거리 위로 노란 가로등 불빛이 길을 안내해주듯 펼쳐졌다. 길멍 캠프는 안양천을 따라 남쪽으로 걷고 또 걸었다. 배도 부르겠다, 시원한 강가의 산책길로 걸으니 절로 콧노래가 나오고 발걸음도 가벼웠다.

마음속으로 오늘 밤은 노숙이 예정돼 있기에 모기장을 주웠으면 했다. 그동안 노숙하면서는 추위만 걱정했는데,

6월로 접어들자 모기에게 숙면을 뺏겼기 때문이다.

옷가지들로 추위는 대비했지만 모기의 공격에 머리만큼은 모기장으로 덮어야 편히 잠들 수 있을 것 같았다. 그렇게 머릿속에서 계속 모기장을 생각하며 길을 걸었다.

"무슨 공사를 하는지 길이 갑자기 좁아지네."

"응? 공사 현장? 그러면 분명히 그물망이 있을 텐데…. 초이, 칼 좀 빌려줄 수 있어?"

"칼은 왜?"

"응, 얼굴 덮을 만큼만 그물망 뜯어오게."

몇 발짝 가기도 전에 펜스 밖으로 튀어나온 그물망을 발견해 필요한 만큼 챙길 수 있었다.

5월에 볼음도에서 지낼 때부터 머릿속으로 계속 생각하며 걷다 보니 필요한 물건들을 길게는 며칠, 짧게는 몇 분 만에 만나는 경험을 하고 있다. 길멍 캠프를 시작하게 해준 운동화부터 3분 카레로 점심을 먹게 해준 냄비, 노숙할 때 이불로 쓴 옷가지들, 포장지째 버려진 먹을 수 있는 음식, 누군가 초대해준 잠자리, 길에서 만난 모기장까지 세상의 많은 것들이 우리를 보살펴주고 있는 게 아닌가 하는 착각마저 들 정도였다.

이런 일이 있을 때마다 영원은 "촬영 팀이 우리 주변에서 〈트루먼 쇼〉를 찍고 있는 것 같아. 우리에게 필요한 물건을 길목에 버려놓고 반응을 기다리고 있는 것처럼 말이야"라며 진담 반 농담 반으로 말했다.

〈트루먼 쇼〉는 주인공이 현실처럼 꾸며진 스튜디오 안에 살고 있고, 주인공의 인생이 전 세계에 생중계된다는 내용의 영화다. 물론 주인공은 그 사실을 전혀 알지 못한 채 말이다.

문득 평소에 필요했던 물건을 만나지 못하는 이유가 뭘까 의문이 들었다. 아마도 그것들이 찾아오기 전에 돈으로 사버리거나 꼭 필요하지도 않은데 욕심을 냈기 때문이 아닐까.

밤길을 세 시간 넘게 걷다가 마침 벤치가 모여 있고, 화장실이 있어서 물도 쓸 수 있는 곳을 발견했다. 볼음도에서부터 텐트를 가지고 걸었던 민지와 용자가 먼저 자리를 잡았다.

"우린 여기에다 텐트를 칠게."

텐트가 없는 다른 길멍 친구들은 노숙을 준비했다.

"그럼 난 박스 주우러 다녀올게."

초이의 말에 한번 부탁을 해봤다.

"초이~ 혹시 박스 많이 찾으면 내 것도 두 개만 부탁해도 될까?"

나는 옷가지를 미리 주워서 들고 왔기에 바로 잠잘 수 있었지만 더 편안한 노숙을 위해 부탁했다.

종이 박스 두 겹이면 돗자리 부럽지 않은 좋은 매트리스가 된다. 벤치 위에 초이가 챙겨준 종이 박스를 깔고 옷들을 이불 삼아 덮고 누웠다. 집만큼 편하지는 않았지만 고단한 몸을 쉴 수 있을 만큼 아늑한 잠자리였다.

모기장 대용으로 사용한 그물망은 모기의 공격을 막아주었지만, 모기들의 앵앵거리는 소리까지는 막지 못했다. 무척 고단했는지 모기 소리를 자장가처럼 들으며 스르륵 잠이 들었다.

난생 첫 탁발

꿀잠을 자고 있는데 새벽 3시 반쯤 부스럭거리는 소리에 잠에서 깼다.

"응? 왜 짐 싸고 있어? 초이랑 타마는 어디 가?"

"추워서 좀 걸으려고."

"그래? 하긴 걸으면 몸에서 열이 나긴 하니까. 난 좀 더 잘게."

"좀 있다 봐. 우린 먼저 출발할게."

옆에서 자고 있던 초이와 타마는 추워서 걷기로 했고, 나는 아직 더 자야 했다. 그렇게 한 시간을 더 잤나, 나도 추위 때문에 잠에서 깼다. 해가 뜨기 30분 전, 가장 추운 시간이었다. 마침 영원도 추웠는지 잠에서 깨어 있었다.

"영원, 일어났어?"

"추워서 깼어. 타마와 초이는 안 보이네. 어디 갔어?"

"응, 춥다고 한 시간 전에 일어나 먼저 출발했어."

"그럼, 우리도 출발하자. 걸으면 좀 나아질 테니."

"그래, 그럼 민지와 용자는 더 자게 그냥 둘까?"

"잘 자고 있는 것 같으니 일어나면 전화하겠지. 푹 자게 놔두자."

왼쪽으로 안양천을 끼고 걷기 시작하자 슬슬 해가 뜨기 시작했다. 주변이 환해지자 생각지도 못했던 물건들이 눈에 보이기 시작했다.

"어?! 초콜릿이다!"

"어디? 아, 누군가 반만 먹고 바닥에 흘리고 갔네. 나눠 먹자."

순간 바닥에 떨어졌는데 먹어도 되는 건가 의문이 들었지만, 영원의 자연스러운 행동에 의문은 쏙 들어갔다.

"와, 초콜릿~ 얼마 만이야! 겁나 맛있다, 히히."

초콜릿이 이렇게 맛있었나 감동하며 걷다 보니, 또 무언가를 발견한 영원이 소리쳤다.

"지산, 저기 뽕나무가 있다. 오디 따러 가자."

"와~ 엄청 많이 달렸네. 친구들 만나면 주게 컵 하나에 채워서 가자."

새벽부터 걷는 영원과 나에게 음식들이 찾아와 기운이 나게 해주었다.

그 후로 안양천 산책로를 걸으며 꿩도 만나고, 새벽부터 태극권을 하는 아주머니도 구경했다. 그렇게 한참을 걷다 보니 시내 가까이를 지나게 됐다.

"지산, 이번엔 탁발 한번 해볼래?"

"탁발? 혼자는 자신 없지만 네가 같이 가면 할 수 있을 거 같아! 가자. 영원이 탁발하는 거 한 번만 보여줘."

상점들이 저 멀리 보였고 5분 정도 걸어가자 마침 아침 일찍 문을 연 빵집이 보였다. 영원은 빵집 앞에 멈춰 서서 따라오라고 손짓했다.

"빵집으로 내가 먼저 들어가서 시범을 보여줄게. 뒤에서 잘 봐."

"응, 뒤에서 잘 보고 있을게."

영원은 빵집에 바로 들어가서 밝게 인사했다.

"안녕하세요."

"어서 오세요."

"손님은 아니고요, 무전여행 중인데 전날 빵 좀 얻을 수 있을까요?"

"아… 음…. 잠시만요. 이 정도면 되죠?"

"감사합니다."

빵을 한 봉지 가득 받아 온 영원이 웃으며 말했다.

"지산~ 빵 많이 주셨어. 봐봐."

"와~ 진짜 주시는구나!"

돈 주고만 사 먹어봤지 탁발은 처음인데 흔쾌히 빵을 담아주는 모습을 보고는 살짝 충격을 받았다. 그 모습에 용기를 얻은 나는 설레는 마음으로 다른 빵집에 들어가 영원이 한 것과 똑같이 했다. 이전 가게와는 달리 알바생이 있었고, 귀찮다는 표정으로 "그런 것 없어요"라고 내뱉은 한마디에 머릿속이 하얘졌다.

구레나룻에서 시작해 관자놀이를 지나 정수리까지 지우개가 타고 올라오듯이 이성이 점점 지워지고 있었다. 간신히 정수리 5cm 전에 정신을 부여잡고 한 줌 남은 이성으로 대충 인사하고는 도망치듯 나왔다.

영원을 보고 용기를 내서 시도해봤는데 단박에 거절당

하는 바람에 '나는 안 되는 건가' 싶은 생각이 들었다. 더 이상 탁발에 도전할 기분이 아니었다.

영원은 어깨가 축 처진 채 멍하니 서 있는 나를 위로해 주었다. "이번엔 확실히 받을 수 있는 곳으로 갈게"라며 편의점으로 들어갔고 나는 그의 뒤를 졸졸 쫓아갔다.

"안녕하세요. 무전여행 중인데 혹시 폐기가 있으면 얻을 수 있을까요?"

"오늘은 폐기가 없는데, 행색을 보니, 음… 잠깐만 기다려 봐."

"감사합니다."

"여기 두유 먹어요. 이거 내가 사주는 거야. 젊은 친구들이 참… 일해서 돈 벌어~"

난생처음 탁발이란 것을 하면서 아직 사람들의 마음에는 따뜻한 정이 있음을 느꼈다. 음식은 이미 둘이 먹고 남을 만큼 충분히 받았고, 아침을 먹기 위해 햇빛을 피할 곳을 찾다 보니 다시 안양천 다리 밑 평상에 도착했다. 길명 친구들에게 줄 음식을 남겨두고 아침을 먹은 후 잠깐 누웠다. 잠을 충분히 못 자고 새벽부터 걸은 탓에 피로감이 몰려와 그 자리에서 바로 잠이 들었다.

도시락과 돈을 그저 얻게 된다면 어떻게 할 것인가?

새벽에 일어난 일

길멍 캠프는 전날 안양천에서 노숙을 하다가 새벽에 추위 때문에 잠을 깨 두 명씩 따로따로 걷기 시작했다. 점심 때쯤엔 자연스레 모두가 안양천 다리 밑 평상에 다시 모이게 됐다.

반나절 동안 겪었던 일들을 털어놓으며 몇 달 만에 만난 사람들처럼 수다를 떨었다. 가장 늦게 출발했던 민지가 먼저 이야기를 꺼냈다.

"아침 8시인가, 텐트에서 나와 봤더니 다들 없더라고. 어차피 이렇게 된 거 용자랑 나는 아침을 만들어서 먹고 느긋하게 출발했지. 걷다 보니 친구들이 여기 있네."

"응, 추워서 더 잘 수가 없었어. 그렇게 두 시간을 걷다 보니 해가 뜨더라고. 초이랑 풀도 뜯고 오디도 따서 그걸로 아침을 먹었어."

"타마랑 초이도 뽕나무 봤구나. 오디 맛있더라~"

이야기를 하다 보니 안양천 산책로 언덕에서 시간이 정지한 듯 아주 느린 동작으로 홀로 태극권을 하는 분 이야기가 나왔다. 나와 영원은 신기해하며 5분 동안 구경만 하다 지나쳐 왔는데, 중국어가 가능한 초이와 타마는 그분과 대화를 나누느라 두 시간 가까이 보냈다고 했다. 태극권을 하는 분과 연결된 것이 기뻤는지 이야기하는 타마의 얼굴이 상기돼 있었다.

"우린 길에서 초콜릿을 주워 먹고, 뽕나무가 보이기에 숲 속에 오디를 따러 들어갔다가 꿩을 봤어. 아참, 그리고 시내에서 탁발도 해 왔지."

"아, 맞다. 여기 오디랑 탁발해 온 빵이 있어. 먹어봐."

길멍 캠프는 멀리서 보면 하나의 집단으로 보이지만, 가까이서 보면 각기 다른 개성을 가진 친구들이 모여 있다.

활 산장에서 이야기를 나누었던 '열린 서클'같이 길멍 캠프만의 규칙이 있긴 하다. 예를 들면 기본적으로 돈으로 문제를 해결하려 하지 않는다, 누구나 언제든지 참여할 수 있고 떠날 수 있다, 무엇보다 개인의 자유의지를 존중한다 등. 하지만 그 규칙 또한 열려 있기에 각자 원하는 방식으로 지낼 수 있고 함께할 수 있다.

걷다 보니 점심시간이 한참이나 지난 터라 슬슬 배가 고파졌다.

"저기 다리 밑 그늘에 있는 벤치에서 좀 쉬었다 가자."

"어? 웬 편의점 봉투에 음식이 있는데?"

"에이~ 잠깐 쉬다가 깜빡 잊고 놓고 간 거겠지."

"그러네. 도시락 겉면에 찍혀 있는 날짜를 보니 어제 저녁 아니면 오늘 샀네."

"마카롱도 여섯 개나 있고 도시락도 두 개인 걸 보면 같이 먹으려고 샀다가 싸우고 그냥 가버린 거 같은데?"

길멍 친구들은 도시락 옆에 앉아 한 시간 가까이 기다렸다. 하지만 아무도 찾으러 오지 않았다. 결국 편의점 도시락이 한낮의 더위에 상하기 전에 맛있게 먹어치웠다.

누가 돈을 준다고 해도 문제네?

 점심을 먹고 한숨 돌리고 있을 때 타마가 개인적으로 아는 선생님이 길멍 캠프에 백만 원을 후원했다는 말을 꺼냈다. 돈을 보내주신 고마운 마음을 어떻게 나눌지 친구들 사이에서 토론이 벌어졌다. 초이가 조심스럽게 먼저 운을 뗐다.

 "여태껏 걸으면서 돈은 전혀 필요하지 않았어. 그러니 돈은 우리에게 필요 없어. 돌려드리면 될 거 같아."

 "불멍 캠프에서부터 우리는 돈을 사용하지 않는 생활을 계속하고 있잖아. 그런데 지금은 길멍 캠프가 돼서 새로운 환경을 또 만나고 있는 거잖아. 앞으로 기존과는 다른 상황이 닥쳤을 때 필요할지도 몰라. 그러니 그때를 위해서 받아만 놓는 건 어때?"

 타마는 직접 후원금을 받아서 그런지 입장이 곤란해 보였다. 그리고 그 돈을 좋은 방향으로 쓰고 싶어 하는 눈치였지만 모두와의 관계가 얽혀 있어서 결정하기가 쉽지 않았다.

 "돈을 지니고 있으면 지금 길멍 캠프의 정신부터 흔들리고, 우리의 행동이 돈을 쓰는 방향으로 바뀔지도 몰라. 그럴 거면 돈은 없는 게 좋다고 봐."

영원의 말에 우리의 토론은 후원금을 쓰지 않는 쪽으로 흘러갔다.

'아니! 후원금을 거절한다고?'

나도 토론에 한마디 거들고 싶었지만, 운동화가 그저 생겼다는 이유로 가볍게 길멍 캠프를 시작한 나로서는 말할 자격이 없는 것처럼 느껴졌다. 하지만 속으로는 '돈은 쓰는 사람에 따라서 좋기도 하고 나쁘기도 하지만 돈 자체는 좋은 거야. 아직은 쓸 일이 없지만, 후원금을 받아서 비상금처럼 잘 가지고 다니다 필요할 때 써'라고 외치고 있었다.

두 시간 넘게 이어진 길멍 친구들의 논쟁은 돈을 바라보는 관점이 다양하다는 걸 알게 해주었다. 그래서 나에게는 좋은 것이고 어떤 이에게는 나쁜 것으로 보이는 돈이 이들을 어떻게 이끌어 가는지, 과연 이들은 그 신념을 얼마나 꿋꿋이 지키며 살 수 있는지 알고 싶어졌다.

길멍 친구들과 걷다 보면 자연스레 돈에 대한 재미있는 해답을 얻을 수 있을 것 같았다.

드디어
서울 탈출

짐 없는 캠핑의 하루

햇빛에 반짝이며 시원하게 개천이 흐르고 그 옆에 푸른 나무들이 심겨 있는 안양천 산책로를 한참 따라갔다. 짙은 갈색의 흙길 등산로 입구로 들어가 햇빛이 잘 비치지 않을 만큼 나무줄기와 푸른 잎으로 뒤덮인 산을 두 시간 넘게 걸어 언덕을 넘었다.

내리막길을 걷다 보니 멀리 마을 풍경이 눈에 들어오면서 가슴이 뻥 뚫리는 것 같았다. 5분쯤 더 내려가자 회색 시멘트 길 위로 파란색 버스 정류장 안내판이 보였다.

서울을 벗어난다는 것은, 풍경이 한적해지고 집들이 널찍널찍 떨어져 있고 수풀이 더 울창해서 여유로운 느낌이 들게 했다. 무언가에 쫓기듯 빨리 해야 할 것 같은 곳에서 '조금은 천천히 해도 되지 않나'라는 생각이 드는 공간으로 이동한 것 같았다.

나흘 전부터 까치산 공원에서 초이가 '서울을 벗어나자'고 자주 말한 이유를 조금은 알 것 같았다.

텐트를 짊어지고 걷는 용자나 민지와 달리 나와 영원, 초이와 타마는 텐트도 없이 걷는 캠핑을 하고 있다. 그래서 하루를 마치기 전에 잘 곳을 찾는 것이 매우 중요했다.

해가 지기 전까지 아직 시간이 많이 남았다고 무턱대고 걸었다가는, 해가 진 후에 잠잘 만한 장소를 발견하지 못할 수도 있다. 그래서 걷다가 노숙하기에 적당해 보이는 곳을 발견하면 걸음을 멈추고 모두 모여서 어떻게 할지 의견을 나눈다.

마침 산길을 넘고 나니, 공원 근처에 마을과 하천이 보여 노숙하기 좋은 곳을 찾았다. 아직 한낮이어서 '더 걸어도 좋고 여기도 좋다'는 초이 같은 고수와는 다르게 나는 초보인지라 주변 상황에 더 안전하게 대처하고 싶었다.

그래서 탁발도 하고 노숙할 때 쓸 박스를 줍기도 수월하게 마을이 가깝고, 하천의 물도 있고, 화장실도 근처에 있는 이곳이 마음에 들었다.

"바로 앞에 공원도 있고 좋다. 공원에 화장실도 있으니 이 근처로 잡아볼까?"

"여긴 너무 개방된 공간인 거 같은데…. 공원 안에 더 좋은 곳은 없는지 난 위쪽을 둘러보고 올게."

"옆에 물도 흐르고, 비가 오면 피할 수 있는 구조물도 있고, 밑에 마을도 있어서 여기가 좋아 보이긴 한데, 혹시 모르니 조금 더 둘러보자."

"그래 그럼, 각자 더 찾아보고 좋은 곳으로 정하자."

한 30분쯤 지났을까? 초이가 공원을 둘러보고는 내려왔다.

"공원 안쪽까지 다녀와봤는데, 거긴 화장실도 없고 공터도 없네. 여기로 하자."

"그럼, 나랑 영원은 마을로 가서 탁발도 하고, 박스도 좀 주워 올게. 초이 것도 주워다줄 테니 초이는 하고 싶은 거 해."

"고마워. 그럼 난 근처에서 풀을 뜯고 있을게."

"다들 라면 먹을 거지? 물 좀 떠다가 밥 먼저 하고, 라면 끓일게. 잘 다녀와."

텐트와 캠핑 용품이 있어서 딱히 필요한 게 없었던 민지와 용자가 밥 먹을 준비를 해주었고, 조촐하지만 맛있는 저녁을 먹었다.

조명이 켜져야 비로소 보이는 것들

이른 저녁 식사 후 수다를 떨며 쉬고 있자니 어느새 해가 지고 있었다. 잠시 후 앉아 있는 우리들 주변으로 노란 조명등이 켜지기 시작했다.

"응? 여기 혹시 관광지인가?"

"그러게. 지나가는 사람이 갑자기 많아졌네."

"아! 위쪽에 공원이 있고 여기에는 조각상이 있는 걸 보니 공원으로 가는 산책로인가 봐."

SNS로 길멍 캠프의 여행 일정을 올리던 용자가 바로 검색하기 시작했다.

"지도를 열어보니까 여기 데이트 장소인 거 같은데?"

맞은편 가로등부터 데크 길까지 조명이 켜지면서 가족끼리 연인끼리 길멍 친구들 옆을 지나가기 시작했다. 영원의 말대로 우리는 공원으로 가는 산책로 바로 옆에서 자리를 깔고 밥을 먹고 있었던 것이다.

이 산책로는 편하게 쉴 수 있는 곳으로만 보였다. 길명 캠프의 감각이 사라지자, 사진 찍고 산책하며 데이트하는 장소로 바뀌었다. 관점을 바꾸어서 바라보니 가로등과 산책로가 연결된 마을과 길거리, 차들의 조명이 스쳐 지나가는 모습까지 모든 게 다르게 눈에 들어왔다. 노숙할 걱정에 걷고 먹고 잠자리만 생각하느라 우리가 얼마나 멋진 장소에 있는지도 몰랐다.

　한숨 돌리고 다시 여유를 갖고 주변을 둘러보았다. 산책로의 노랗고 하얀 조명들, 검은 밤 배경에 조명이 비춰 반짝이는 안양천의 야경과 가로등 불빛, 그리고 저 멀리 보이는 마을의 빨강, 파랑, 노랑, 초록으로 칠한 지붕까지 어느 하나 예쁘지 않은 것이 없었다. 노숙에만 마음을 빼앗겨 알아채지 못했을 뿐 '멋진 친구들과 멋진 장소에서 멋진 캠핑'이라는 많은 것들이 이미 내 옆에 있다는 것을….

트럭 위에
집을 짓고 사는 잉앵

움직이는 집을 만들게 된 이유

지난밤 용자의 길멍 캠프 SNS를 보고는 바태가 수원의 자기 집으로 초대했다.

아침을 먹고 안양천 근처 공원에서 수원 쪽으로 방향을 틀어 가는 길에 '잉앵'이라는 친구가 길멍 캠프를 만나기 위해 찾아왔다. 잉앵은 월 2만 원의 기름 값만 있으면 집과 함께 어디든 다니는 친구였고, 길멍 캠프는 무일푼으로 집도 없이 어디든 다니는 이들이었다. 집이 있고 없고의 차

이일 뿐 어디든 떠도는 이들은 끌리듯이 수원으로 가는 길목 주차장에서 서로를 만났다.

잉앵이 타고 다니는 '굼비'라는 이름의 모바일 하우스는 0.5톤 트럭 위에 나무로 된 집이다. 굼비는 굼벵이의 경상도 방언이다. 잉앵이 굼비를 만들게 된 사연을 설명해주었다.

"서울에서 이 집을 지으려고 했는데 우여곡절이 많았어. 혼자서는 할 수 없었어. 친구들 한 명 한 명 도움의 손길로 만들 수 있었지. 그 과정이 내게는 감동적이었어."

"아, 그럼 집처럼 지내기 위해서 굼비를 바로 만들기 시작한 거야?"

"처음에는 윙바디 탑차에서 생활하는 걸 시도했어. 그러면 건강하게 지낼 수 있으리라 생각했는데, 실제로는 몸이 지치고 닳아 나가는 게 느껴졌어. 이대로는 안 되겠다 싶더라. 그래서 트럭 위에 집을 짓기로 했어."

잉앵의 설명을 듣던 영원도 여행을 다닐 수 있게 캠핑카를 개조하는 것이 자신의 바람이라고 했다. 하지만 주거를 생각하면 결국에는 숲 속에 오두막을 짓고 사는 게 맞다고 생각해서 캠핑카를 만들지 않았다고 덧붙였다.

영원의 사정을 듣고 나서 잉앵이 다시 말을 이어갔다.

"맞아, 나는 그 실험을 해가는 중이야. 이렇게 이동 생활을 하면서 내 마음이 편안해지는 상태를 경험해보고 싶은 거지. 어딘가에 닻을 내려 머물 때는 몸이 편해지고 싶어서 그쪽으로 마음이 가는 게 느껴져. 독립적으로 이 실험을 하면서 몸과 마음이 편해지는 날을 찾고 있어."

틀에서 벗어난 집에 산다는 건 쉽지 않다!

한참 이야기에 집중하고 있는데 주차 관리원이 다가와 요금을 내라고 했다.

"오늘과 내일까지 주차할게요."

길멩 캠프 친구들을 만나기 좋은 곳을 정하다 보니, 굳이 주차비를 내야 하는 주차장으로 장소를 잡았다. 잉앵은 '평소라면 주차비가 발생하지 않는 곳에 주차하는데'라며 굼비를 타고 다니면서 주차할 곳을 찾아다닌 경험도 이야기해주었다.

민지는 여기저기 둘러보며 사진을 찍었다. 굼비 안에서 친구 세 명이 눕거나 앉아서 잉앵의 이야기를 듣고 있으니, 캠핑카 여행을 온 기분이었다.

"굼비가 이렇게 좋지만 그래도 힘든 일은 없어?"

"주차를 해놨는데 견인을 두 번이나 당했어. 나는 집이라고 생각하고 지내지. 그런데 도시 사람들은 그런 인식이 없으니 견인하려고 하는 거야. 자고 있는데 문을 막 열어젖히는 사람들도 있어. 주거로 인정받지 못하는 게 가장 힘들어."

"문을 연다고? 아, 잠금 장치를 안 해놨을 때구나. 자다가 엄청 놀랐겠다."

잉앵은 그동안의 힘든 일들을 풀어내고는 이 생활을 하게 된 계기를 들려주었다.

"한국엔 아직 없지만, 일본에는 자연재해로 집이나 주거를 잃은 사람들이나 다른 주거 방식을 찾는 사람들이 이렇게 캠핑카에서 살기도 하고, 또 다른 다양한 주거 방식을 택해 살고 있어. 그런 일본 친구들의 모습을 보면서 나도 시작할 수 있게 됐지."

잉앵의 이야기를 듣다 보니 한국도 언젠가는 일본처럼 다양한 주거 방식을 인정하는 때가 왔으면 좋겠다는 생각이 들었다. 그리고 이런 다양한 삶의 방식을 걸으면서 더 많이 만나보고 싶어졌다.

필요와 욕심은
종이 한 장 차이

찰나의 순간을 감각하기: 초이의 이야기

검은색의 두툼한 롱패딩과 빨간 손잡이마저 낡아버린 무딘 날의 과도, 그리고 손때 묻은 하얀색의 본죽 그릇, 여기저기 올이 나가고 헤져 보이는 긴팔 윗도리와 허수아비에게 잘 어울릴 것 같은 노란색 밀짚모자, 마지막으로 시골 할머니가 겨울 내내 입을 것 같은 알록달록한 몸뻬 바지가 평상 위에 쫙 펼쳐져 있다.

초이는 볼음도에서 걷기 시작해 쉴 만한 곳에 도착하면

먼저 짐을 풀고 한눈에 보이게 늘어놓았다. 그러고는 이 짐들이 정말로 필요한 것인지 아니면 욕심으로 들고 온 것인지 고민했다.

강화도에서 나와 인천에 들어섰을 때 초이는 주저앉아 짐들을 하나하나 살펴보며 정리하기 시작했다.

"여태껏 잘 썼지만, 이제 날이 따뜻해져서 들고만 다닌 롱패딩은 필요 없으니 여기 놓고 가고. 과도랑 긴 옷이랑 밥그릇은 앞으로도 써야 하니까 챙기자."

그렇게 초이는 걷기 시작한 지 사흘 만에 그간 침낭과 텐트 역할을 했던 롱패딩을 빼놓고 원터치 모기장을 집어 들었다.

초이는 아직 쓰임새는 있지만 다른 걸로 대체할 수 있어서 빼도 괜찮은 게 없나 3분 넘게 생각에 빠졌다.

"흠, 모자는 천으로 대체하면 되고, 두꺼운 바지는 긴 거 두 개 입으면 되겠지. 모자랑 두꺼운 바지도 앞으로 안 쓸 거 같으니 놓고 가자. 짐 고르기 완료!"

보름쯤 지났을 때는 부피와 무게를 줄이기 위해 모자와 두꺼운 바지 같은 겨울 용품들을 짐에서 다 빼버렸다. 한 달쯤 됐을 때는 "나를 찰나의 순간에 감각할 수 없게 만드는 무언가가 있어. 볼음도에 오기 전에 대부분 내려놨지만. 지금 내가 감각할 수 있는 것들에 집중하기 위해 마지막으로 또 보내야겠어"라고 말하며 핸드폰을 친구에게 줘버렸다. 이제 그에겐 허리 뒤에 매는 작은 봇짐 하나만 남게 됐다.

몸과 마음의 가벼워짐: 영원의 이야기

영원은 오토바이에 짐을 싣고는 4월 말에 불멍 캠프 준비를 하러 볼음도에 왔었다. 그리고 보름 전 강화도 우리꽃자리 펜션에서는 친구들과 길멍 캠프에 대해 이야기 나누면서 가벼워지고 싶다고 말했었다.

"짐은 버리거나 챙길 수 있지만 마음은 버리기가 어려워. 오래된 습관이라든지 몇십 년 동안 마음에 담아두고 있는 어떤 일의 원인들은 찾기도 어렵고 버리기는 더 어려워. 짐이 가벼워지는 것도 중요하지만 마음의 불편함을 하나씩 내려놓다 보면 어느 순간 마음도 굉장히 가벼워지겠지. 그때 길멍 캠프가 큰일을 할 수 있지 않을까?"

그러고 나서 그대로 영원은 볼음도에서 전라남도 구례로 돌아가 오토바이에서 등짐으로 바꿔 20ℓ짜리 가방을 메고 돌아왔다. 짐이 거의 없는 우리를 보고는 하루하루 지내면서 침낭도, 두꺼운 옷도, 빈 그릇까지 조금씩 짐을 빼더니 일주일 만에 5ℓ짜리 작은 가방을 주워서 바꿨다.

영원이 큰 가방을 버리고 작은 가방으로 갈아탈 때 버린 가방을 내가 주워서 지금까지 잘 쓰고 있다.

어깨의 무거운 짐 내려놓기: 민지 이야기

한편 민지와 용자는 불멍 캠프에서 캠핑했던 장비들과 텐트를 계속 메고 걷고 있었다. 볼음도에서 천안까지 그 짐을 메고, 3주 가까이 하루에 20~30km를 걸었다. 결국 민지가 작전을 바꾸었다.

"난 경량화하는 다른 친구들과 달리 나만의 길을 가려고 했는데, 한계점에 온 거 같아. 볼음도에서 서바이벌 캠핑을 했으니, 이젠 산에서 사냥하며 캠핑을 하려 했는데 걸으면서는 무리였어. 발에 물집도 많이 잡히고 허리에도 무리가 오고, 무거운 짐으로 목 디스크 증상까지 재발했어. 휴식도 좀 취하고 짐도 가볍게 해서 다시 올게."

민지는 재정비를 하러 본가로 잠시 올라갔다.

SNS에 길멍 캠프 소식을 올리던 용자 역시 "핸드폰에 문제가 생겨서 AS를 받고 영원과 초이처럼 짐을 줄여서 다시 합류할게"라며 며칠 후에 인천 우동사로 돌아갔다.

걷기 시작한 지 한 달도 안 돼서 텐트로 캠핑을 하던 두 친구가 재정비를 위해 잠시 철수했던 것이다. 용자와 민지가 이제라도 짐을 경량화한다고 하니 다행이라고 여겼다.

 걷게 되면서 깨달은 것이 있다. 짐을 추려낼 때 가장 힘든 것이 욕심이었다. 필요 없는 물건은 간단히 분류되지만, 욕심으로 들고 다닌 물건은 쉽게 내려놓지 못하고 말 그대로 '짐'이 돼서 내 발걸음에 올라타 무게를 더했다. 짐은 가벼워질수록 나 자신에게 집중할 수 있었다.

 몇 달 전까지만 해도 나는 도시에 살면서 욕심으로 물건들을 계속 사들여 쌓아놓기에 바빴다. 많은 물건은 만약의 상황을 대비한다는 이유로 내 마음에 평안을 주었다. 그러다가 공간이 부족해지면 기존의 것들을 버리고, 새로운 것을 사기 위해 일을 하고 돈을 벌기를 반복했다.

 그런데 길멍 캠프를 하며 걷는 삶을 살아보니, 내 몸이 감당할 수 있는 무게만큼만 나의 소유를 정하는 법을 몸으로 배웠다.

 생존에 필요한 것은 생각보다 별로 없었고, 대부분 다른 사람의 도움을 받아 해결할 수 있었다. 나에게 진정 소중하면서 필요했던 건 생활의 편리를 위한 온갖 짐이 아니라 같이 걸었던 친구들과 길에서 도움을 준 사람들이었다.

대전 정방경로당의 초대
그리고 에멜무지로

하늘이 잘 보일 만큼 낮은 산들이 사방을 둘러싸고, 오른쪽에는 갑천이 흐르고 있어서 시원하게 느껴졌다. 왼쪽에는 버스 정류장과 바로 그 옆에는 생뚱맞게 야외 화장실이 덩그러니 놓여 있는데, 버스를 이용하는 승객들에겐 더 좋을지도 모르겠다.

푸른 나무와 풀들의 에스코트를 받으며 회색 시멘트 길을 따라 걷다 보니, 기차가 지나가는 철로 밑에 작은 구멍 같은 길이 나 있다. 이상한 나라의 앨리스가 토끼를 따라

굴에 들어가듯 작은 길을 따라가니 저 멀리 파란색, 오렌지색, 민트색 지붕들이 우리를 반겼다.

어스 게더링으로 하나 됨: 타마 이야기

내가 며칠간 도시에 볼일을 보러 올라간 사이 길명 캠프 친구들은 청주를 거쳐 대전에 가 있었다. 고속버스를 타고 다시 시내버스를 갈아탄 뒤 중간에 환승 정류장에 내려서 한 시간에 한 대밖에 다니지 않는 외곽버스를 타고서야 대전 정방마을에 도착했다.

마을 초입에 한옥이 아닌 양옥 건물의 2층짜리 경로당이 보였다. 길명 캠프를 초대해주신 '정방경로당'이었다.

불명 캠프에서 함께했던 수산이 타마가 올린 길명 캠프의 SNS를 보고는 정방경로당을 운영하는 아하 님에게 이야기해서 우리를 초대한 것이다. 아하 님은 웃음과 에너지가 넘치는데, 타로 카드를 봐줄 때 얼마나 영성이 깊은지 알 수 있었다.

1층은 말 그대로 경로당이고, 2층은 아하 님이 은퇴 후에 자기만의 삶을 꾸려가기 위해 여러 가지 실험을 하며 지내는 장소였다. 각종 세미나와 작음 음악회를 열거나 음식 판매, 그것도 아니면 두런두런 이야기를 나눌 수 있는 장소로서 쓰임새가 무궁무진했다.

내가 도착한 날에는 아하 님이 직접 저녁 식사를 만들어주셔서, 우리는 고마움에 대한 답례로 노래를 불러드렸다. 타마는 길멍 캠프의 SNS 실시간 방송을 틀어서 이 자리에서 모두를 하나로 연결했다. 불멍 캠프에서 만났던 친구들과 정방경로당이 하나가 됐다. 볼음도에서부터 함께 걸으며 불렀던 노래들을 부르고 악기를 치며 신나게 놀았다.

> 나는 꽃이 좋아요. 민들레가 좋아요.
> 산, 들도 좋아요. 시냇물도 나는 좋아.
> 어둠이 내리면 모닥불 가에서
> 둠디아디~ 둠디아디~ 둠디아디~ 둠디아디~●

까치산의 활 산장에서 어스 게더링의 심벌인 새 조각상을 타마가 받아서 여태껏 들고 다녔다.

타마는 아하 님에게 조각상을 전달하며 말했다.

"저희가 걸으면서 '따로 또 같이' 게더링의 기운을 담은 새 조각상을 드릴 곳을 찾았어요. 여기가 바로 그곳인 거

● 이 노래의 원곡은 Kathy Sherman and the Good Folk Collective의 〈I like the mountains〉이다.

같네요. 정방경로당에서 길명의 걸음과 그 의미가 새롭게 피어났으면 합니다."

타마는 '각자의 자리에서 촛불이라도 켜놓고 불멍 하면서 하나 됨을 느끼며 자유로워지길' 바라며 볼음도에서 대전까지 걸어왔다. 그리고 모두의 연결로 하나 됨이 이곳에서 이루어지는 것을 느꼈다고 했다. 그의 말대로 앞으로 만나는 이들과도 연결돼 하나가 되는 모습이 기대되기 시작했다.

어슬렁거리며 정방마을 둘러보기

다음 날 아침 늦잠을 자고 일어나니 길명 친구들은 개인적인 시간을 보내고 있었다. 마침 밖으로 나가려는 초이가 보였다.

"어디 가?"

"뒷산에 무슨 식물들이 있나 한번 둘러보려고."

"나도 갈래. 같이 가자."

그렇게 초이를 따라 정방경로당 뒷산을 오르며 풀들을 살펴봤다.

"이건 돼지감자인데 겨울에 캐서 먹을 수 있어."

"잠깐만, 겨울이 되면 어떻게 구분해? 잎이 지고 없을 텐데…."

"그땐 줄기로 구분해야 해. 여기 줄기를 잘 보면 특징이 있어."

"응? 내 눈에는 다 그게 그거로 보이는데? 좀 구분하기 쉬운 풀은 없어?"

"그래? 이건 도라지인데, 꽃을 보고 찾으면 되고 여름 지나면 먹을 수 있어."

볼음도 이후 오랜만에 '초이의 풀 학교'가 다시 시작돼 뒷산의 식물들에 대해 많은 것을 배울 수 있었다. 하지만 나는 먹는 것에만 관심이 있어서 이후에는 먹을 수 있는 식물만 기억이 났다.

오전에는 각자 편한 자리에 앉아서 책을 읽거나 악기를 연주하며 노래를 부르는 등 나름대로 휴식을 취했다. 나른한 오후에는 바태가 정방경로당 2층에서 요가 워크숍을 열었다. 볼음도에서 지낼 때와는 달리, 쉼 없이 걷느라 무리가 간 골반과 다리를 집중적으로 바로잡아주었다. 요가 후에 기운이 난 길명 친구들은 다시 마을 구석구석을 살펴보았다.

정방마을 옆에 흐르는 두계천을 따라 걸으며 물가의 시원함을 느끼고 있는데, 건너편 절벽에서 왜가리 한두 마리가 날아가는 모습이 보였다. 그러려니 하고 있는데 10분쯤 지나자 수백 마리의 왜가리들이 동시에 비상하는 멋진 모습이 펼쳐졌다. 이후에 검색해보니 이곳은 왜가리 번식지였다.

처음엔 시골의 흔한 마을인 줄 알았다. 그런데 시간을 들여 구석구석 살펴보니, 길과 산과 집에는 사연이 있었고 자연이 함께하는 마을로 다시 보였다.

길을 걸으며 낯선 사람들과 생소한 장소를 계속 만나면서 조금씩 알게 되는 게 있었다. 모든 것은 그냥 스쳐 지나면 흔해 보이지만, 가까이 다가가 보면 저마다의 사연으로 특별하다는 것을.

알고 보니 너도나도 우리 모두 에멜무지로

이튿날 저녁, 아하 님과 남편인 권선필 교수님이 같이 지은 '에멜무지로'라는 셰어하우스를 구경했다. 1층은 소규모 갤러리와 하우스 콘서트를 하는 곳으로, 2층은 개인 공간 및 쉼터로 사용하는 곳인데 마치 예술 작품 같았다.

에멜무지로는 '결과를 바라지 않고, 헛일하는 셈 치고 시험 삼아 하는 모양'이라는 뜻의 순우리말이다.

정방경로당 2층을 운영하는 이분들이 시골에 이런 공

간을 만들어 실험하는 것도, 길멍 캠프를 이곳에 초대한 것도, 길멍 친구들이 길 위에서 캠프를 하는 것도 다 '에멜무지로'였다.

그런 동질감을 느꼈기에 길멍 캠프를 초대해 며칠간 음식을 해 먹이고 잘 곳을 내어주고 이야기를 나누며 교류할 수 있었다는 생각이 들었다.

그렇게 이틀간 길멍 캠프 친구들은 정방경로당 2층에서 깨달음과 쉼을 얻고, 다음 날 해가 뜨기 전 짐을 챙겨서 새벽 5시에 다시 남쪽으로 길을 나섰다.

뭐든 주고픈 어머니와
깊은 산속의 뱀 아저씨

솔골마을 쉼터, 탁발 중에 만난 어머니

어두운 새벽길을 걷는데 저 멀리 붉은 해가 떠오르는 모습이 보였다. 신발 끈을 다시 묶느라 잠깐 떨어져 뒤에서 바라보니, 길멍 캠프 친구들의 모습이 마치 해와 함께 길을 떠나는 것 같았다. 해는 하늘 위로 빠르게 지나갔고, 우리는 느리게 땅으로 걸어갈 뿐. 시원한 공기에 발걸음이 가벼워서 즐겁게 걷는데 앞서 간 해님이 쉬어 가라며 뜨거운 햇빛으로 눈치를 주었다.

뜨거워지는 햇빛에 슬슬 점심을 먹기 위해 쉴 곳을 찾기로 했다. 오전 10시 이후로는 햇빛이 너무 강해서 계속 걷다가는 더위를 먹고 쓰러질 수도 있었다.

"얘들아, 여기 마을회관 옆 정자에서 쉴까?"

"그래, 이제 좀 쉬자."

"많이 지저분하네. 내가 좀 정리해볼게. 커피포트가 있는데 누가 전원이 들어오는지 확인 좀 해줘."

"난 풀을 뜯으러 다녀올게."

"그런데 여기, 너무 낡아서 불편할 거 같은데? 좀 더 좋은 데가 있나 마을을 한번 둘러보고 올게."

잠시 후에 더 좋은 곳이 있는지 찾으러 갔던 타마가 돌아왔다.

"조금만 걸어가면 물가 옆에 평상이 있는데, 거기가 더 시원하고 좋아 보여. 거기로 가자."

"그래? 그럼 옮겨 가자."

타마의 말대로 물놀이도 할 수 있는 물가에 큰 나무가 있었다. 그 나무 밑에 평상이 있어서 먹고 쉬기에 아주 좋은 쉼터였다.

불멍 캠프를 같이 했던 노래하는 히히가 며칠 전 찾아왔다. 지금은 정방경로당 2층에서 며칠간 함께 지냈던 바태와 수산도 같이 걷고 있어서 인원이 제법 많아졌다. 각자 가지고 있는 음식을 꺼내서 펼쳐봤는데, 있는 음식만으로는 다 같이 먹기에 부족했다. 그래서 원하는 몇 명씩 팀을 짜서 냄비도 빌리고 탁발도 하기로 했다.

친구들은 빈집이 많아서 그런지 30분 가까이 돌아다녔는데도 아무것도 얻지 못했다.

"저쪽 공장에 가봤어?"

"응, 먹을 것도 없고 냄비도 없다네."

"그래도 빌려주는 곳이 있겠지. 계속 물어보자."

그렇게 빈집과 계속된 거절에 지칠 때쯤, 처음에 빌려주길 거절했던 집의 어머니께서 밖으로 나오시며 우리를 불렀다.

"어디서 왔어?"

"인천에서부터 걸어 왔어요."

"멀리서도 왔네. 아무것도 안 주려다가 내 손자들 생각이 나서 주는 거야."

"감사합니다."

"시원한 물 한 통도 가져가고, 닭죽도 먹지?"

"그럼요, 잘 먹어요."

"몇 명이나 돼?"

"일고여덟 명이요."

"그렇게 많아? 그럼, 이거 냄비째로 가져가서 다 먹고 다시 가져와."

"감사합니다. 깨끗이 씻어서 가져다드릴게요."

"반찬도 가져가고. 잠깐만, 냉동실에 냉동 딸기도 있어. 이것도 다 가져가서 먹어."

"아이고, 이렇게 많이 주실 필요는 없는데."

"그래야 내 마음이 편해. 다 갖다 먹어."

어머니는 음식을 챙겨주는 동안 서울에 사는 자식 자랑을 하며 신이 났다. 그간 자식을 보고 싶은 마음이 많이 쌓였던 모양이다. 이제 모두 털어놓았으니, 길명 친구들을 통해 서울까지 그 마음이 전해졌을 것 같다. 그렇게 어머니의 마음이 담긴 음식을 한 아름 받아 솔골마을 쉼터로 돌아왔다.

점심으로 얼음물 한 통에 닭죽과 찰밥, 김치 그리고 감자까지 배부르게 먹었다. 후식으로 챙겨주신 냉동 딸기는 2~3kg이나 돼서 한참을 먹었는데도 반이나 남았다.

식사를 하고 물가에서 더위를 식히고는 요가로 굳은 몸도 풀었다. 기운이 충전된 친구들은 타마에게 택견도 배웠다. 나는 평상에 누워 푸른 나뭇잎 사이로 비치는 햇살과 여유로움을 즐기기로 했다.

  오후 3시까지 길명 친구들은 더운 한낮의 햇살을 피해 쉬었고, 영원은 구례 집을 관리하러 가겠다며 점심을 먹고는 바로 떠났다.

깊고 깊은 산속의 항아리 물과 뱀에 물린 아저씨

  햇살의 뜨거움이 조금 가시자 길명 캠프는 다시금 굽이굽이 산길을 따라 남쪽으로 걸었다. 그렇게 두 시간쯤 걸었을까? 인적도 없는 산자락과 푸른 나무들만 보이는 언덕길을 오르니, 저 멀리 S자로 굽은 산길 중턱에 시골집 두 채가 눈에 띄었다. 그 앞 평상에는 작은 점 두 개가 보였는데, 너무 멀어서 사람인지는 알아볼 수 없었다. 10분을 더 걸어가고 나서야 할머니와 아저씨라는 걸 알 수 있었다.

  목이 마른 수산과 히히는 할머니에게 물을 얻어 마실 수 있는지 여쭈었다. 할머니는 사투리가 심해서 길명 친구들은 아무도 할머니의 말을 알아듣지 못했다. 손짓으로 집 뒤쪽을 가리키기에 뒤쪽으로 가본 수산과 히히는 5분이 지나서야 돌아왔다.

  "큰 항아리에 물이 있긴 해. 그런데 나뭇잎들이 떠 있어서 마시지 않고 그냥 돌아왔어."

수산과 히히가 나에게 하소연했다.

둘이 다시 할머니에게 물이 어디 있는지 물었지만, 똑같은 손짓만 하셨다. 그 모습을 보던 초이가 수산과 히히에게 얘기했다.

"내가 가서 물이 어디 있는지 찾아봐줄까?"

"응, 우린 항아리밖에 못 찾았어."

잠시 후 집 뒤편을 살펴보고 온 초이가 말했다.

"다른 데는 없는 것 같고, 항아리의 물은 내가 마셔보니까 괜찮은 거 같아."

"그래? 항아리의 물을 마셔도 될 거 같아?"

생각해보니 여기는 첩첩산중이었다. 마을도 아니고 단지 깊은 산속에 집이 두 채 있을 뿐이었다. 상수도가 여기까지 들어올 리 없었다. 당연히 빗물이나 계곡물을 항아리에 모아놓고 사용하는 게 분명했다. 나와 친구들은 너무 문명에 익숙해져서 그런 이치를 잊고 있었던 것이다.

점심 때 받아서 다 먹지 못해 계속 들고 다녔던 냉동 딸기를 길멍 친구들과 마저 나눠 먹고 있었다. 타마와 초이는 평상에 앉아 아저씨의 이야기를 듣고 있었다.

"독사가 나를 물면 죽지 않는 방법이 있어. 그게 뭔 줄 알아?"

타마와 초이가 눈을 반짝이며 몸을 기울였다.

"그것은, 뱀이 나를 딱 물면 그 뱀을 죽여! 죽여!"

아저씨는 '죽여!'라고 소리치며 눈에 살기를 띠고는 친구들을 바라보았다. 몇몇은 그 모습을 보고 무서워했다.

"그 뱀을 죽이면 독이 몸에 퍼져도 안 죽어. 뱀에게 물리면 그 뱀을 죽여! 죽여! 그러면 나는 절대로 안 죽어."

아저씨는 주저앉아 쉬고 있는 친구들에게 이 이야기를 몇 번이고 반복하고 있었다. 그가 이야기하는 모습을 멀찍이서 보니, 자신이 젊은 시절에 겪은 억울한 상황을 회상하면서 울분을 토하는 것 같았다.

길명 친구들은 물도 얻어먹었겠다, 잘 쉬었다고 말씀드리고 다시금 길을 떠났다. 아저씨의 이야기가 너무나 강렬했는지 타마와 초이는 '죽여! 죽여!'를 따라 하며 아저씨에 대해 이런저런 얘기를 나누며 걸었다. 시간이 지나도 아저씨의 살기 어린 모습과 말투가 생각났다. 그가 들려준 뱀 이야기를 떠올리면서 나도 아저씨의 모습과 비슷하지 않나 하는 생각이 들었다.

뱀같이 상처를 주는 사람들에게 독 같은 말을 들으면 그 독이 몸에 퍼진다. 그때 나를 비롯해 많은 이들은 뱀을 어떻게 하면 죽일 수 있을지 고민하고, 뱀에게 모든 신경을 집중한다. 그러는 사이 우리의 몸은 독에 점점 중독돼 죽어간다.

뱀을 죽여야만 내가 살 수 있다고, 뱀을 처치하고 나면 나을 거라고 믿어버린다. 그러나 어린아이라도 뱀에게 물리면 독을 빼내야 살고, 뱀을 죽이는 건 상처를 치유하는 것과 아무 상관이 없다는 걸 안다. 그러나 그것이 뱀이 아니라 인간관계일 때는 종종 그 사실을 잊어버리고 만다.

몇 년 전 누군가에게 독 같은 말을 들었을 때 나는 그 독을 나에게서 분리하고, 해독제 같은 위로의 말과 사랑으로 내 마음을 치유했어야 했다. 하지만 나는 그러지 못했다. 그 뱀에게 계속 신경 쓰며 치유하지 않은 독으로 인해 괴로운 시간을 보냈다.

그래서 그런가, 아직도 '죽여! 죽여!' 하며 두 눈에 살기를 번뜩이던 그 아저씨가 생각난다.

그분이 뱀이 아닌 독을 치유하는 때가 오기를 바란다.

태풍이 오기 전까지는
평안했다

다리 밑에서 모닥불을 피우고 노숙하기

2차선 갓길을 따라 굽이굽이 산길을 걷다가 문득 뒤를 돌아보았다. 걸으며 이야기를 나누는 친구들과 혼자 조용히 명상하듯 걷는 친구들이 보였다. 그리고 내가 방금 걸어왔지만 걸을 때는 안 보이던 풍경도 다시 보였다. 여유를 갖고 뒤를 돌아보니 더 아름답고 더 많은 것들이 보였다.

길멍 캠프는 해가 지기 전에 산길에서 내려와 버스가 다니는 큰길에 도착했다. 개인 일정이 있어 떠나는 바태와 수산을 버스 정류장에서 배웅했다. 초이, 타마, 히히와 나, 이렇게 네 명은 해가 지기 전에 쉴 곳을 찾으러 다시 걷기 시작했다.

30분 넘게 걸었지만, 너무 시골 외곽이라서 그런지 마을이 안 보였다. 그렇게 한참을 걸었더니 저 멀리 버스 정류장이 보였다.

"어? 정류장 옆에 헌옷함이 있네. 덮을 만한 게 있는지 살펴보자."

"그래, 이 정도면 오늘 저녁은 덮고 잘 수 있겠네."

헌옷함에서 이불을 대신할 만한 옷가지 몇 벌을 챙기고는 다시 걷기 시작했다.

"저기에 다리가 있는 거 같은데 물이 흐르는지 내려가 보자."

다리 밑으로 내려가보니 자그마한 공터가 있었다.

"물도 흐르고 자리도 적당하네. 여기서 불 피우고 밥해 먹으면 되겠다."

"그럼 난 근처 음식점에서 얻을 수 있는 게 있는지 한번 가볼게."

주변에 음식점이 두 군데 있었지만, 음식은 얻지 못하고 종이 박스만 양손 가득 얻어 왔다.

해는 져서 어두워졌고 졸졸졸 물 흐르는 소리와 귀뚜라미 우는 소리만 들렸다. 다리 밑의 풀이 우거진 곳이라 달빛조차 비치지 않아서, 마치 오지의 숲 속에서 조난당해 하룻밤을 보내는 느낌이 들었다.

박스를 들고 오니 타마는 비에 젖은 나뭇가지들 사이에서 마른 나뭇가지를 찾아 불을 피우려 애쓰고 있었다. 초이는 이미 주변에서 풀을 뜯어 와 씻어놓았고, 타마와 나는 열심히 불을 키워서 반합에 라면을 끓이려고 했다.

"와, 진짜 불 안 붙네. 여기 불 좀 비춰봐. 해가 져서 잘 안 보여."

"젖은 나뭇가지는 빼내고 마른 것들로만 불을 지피고 나중에 젖은 가지들을 넣어야 할 거 같은데?"

"그럼 마른 나뭇가지 좀 더 구해다 줄래?"

"여기. 근데 많지는 않아. 더 구해 올게."

"붙었다, 붙었다. 나뭇가지 더 넣어줘."

"휴~ 이제야 됐네. 반합에는 라면을 끓이고, 옆에는 냄비에 물을 끓여서 햇반을 데우자."

20분 가까이 고생해서 겨우 모닥불로 조리를 할 수 있게 됐다.

편의점이 가까이 있으면 이해 못 할 이야기

불을 피우고 여유가 생기자 대전에서부터 같이 걸었던 히히가 갑자기 맥주 얘기를 꺼냈다.

"아~ 지금 맥주 한잔하면 너무 좋겠다."

길명 친구들은 봇짐 정도만 들고 다니는데, 우발적으로 같이 걷게 된 히히는 혼자만 용량이 20ℓ는 돼 보이는 가방을 메고 산길을 다녔다. 누가 봐도 땀을 많이 흘려서 맥주를 마시고 싶을 만했다.

"그래? 그럼, 근처에 파는 곳이 있나 검색해볼까?"

"아냐, 됐어. 그냥 해본 말이야. 여기서 맥주를 어떻게 구해?"

"그래도 한번 찾아나 보지 뭐~ 검색해보니 한 1.5km 거리에 슈퍼가 있네. 어차피 물을 끓이려면 시간이 걸리니까 내가 다녀올게."

"아니, 괜찮다니까."

"나도 마실 거야."

"그래? 그럼 하나만 사다 줘."

나 또한 긴 하루 여정을 마치고 마시는 한잔의 술맛을 알기에, 같이 걸어온 친구의 작은 소망을 꼭 이루어주고 싶었다.

지금 길명 캠프가 있는 곳은 대전과 논산의 경계에 있는 변두리 지역이어서 주변 마을에는 슈퍼가 없었다. 1.5km 떨어진 옆 마을에 슈퍼가 표시되기에 인적 없는 도로를 따라 길을 나섰다. 시원한 맥주를 떠올려서 그런지 발길은 가벼웠고, 어두운 밤길에 가끔 보이는 건물의 조명들은 여행지에서 산책로를 걷는 것 같은 기분마저 들게 했다.

그런데 마침내 도착한 슈퍼는 이미 폐업을 한 곳이었다. 하지만 내 마음은 어느새 시원한 맥주를 마시고 있었다. 이미 발동이 걸린 나는 얼마를 더 걷든 맥주를 사야겠다고 결심하고, 다시 근처의 슈퍼를 찾아봤다. 검색해보니 1km를 더 가면 마을이 있고, 그곳에는 상점과 슈퍼가 몰려 있었다. 분명히 영업하고 있는 슈퍼가 있을 거라고 믿고 싶었다.

희망을 갖고 다시 걸음을 옮기자 논산에 온 걸 환영한다는 표지판이 나왔다. 맥주 하나 사자고 대전에서 논산까지 걸어온 셈이 됐다. 그렇게 걷고 걸어 어두운 밤 시골길에서 형광등이 켜진 슈퍼를 만나니 '사막에서 오아시스를 만났을 때의 기분'을 조금이나마 알 것같이 기뻤다.

그러나 맥주를 사서 돌아가는 길은 생각보다 멀었다. 하루 종일 걷고 저녁도 먹지 못했는데, 술을 사기 위해 다시 걷고 걷느라 다리에 무리가 가는 게 조금씩 느껴졌다. 한 시간이 넘게 걸려 우리의 베이스캠프에 도착해 보니, 친구들은 내 몫의 음식만 남겨놓은 채 식사를 마치고 기다리고 있었다.

"맥주 맛있네. 고마워, 지산. 다음에 내가 맛있는 거 사 줄게."

"진짜? 히히 나중에 딴소리하기 없기. 다음에 만나면 꼭 사주기야."

"그래, 알았어."

"지산이 갔다 오는 동안 잘 곳을 좀 찾아봤는데, 마을에 정자가 있더라고. 밥 다 먹었으면 거기로 가자."

"아, 그래? 타마, 요리도 하고 잘 데도 찾고 고마워. 더 좋은 곳이라니 어서 가자."

밥도 먹고 술도 마시고 몸도 고단해서, 눕기만 하면 어디서든 잠들 수 있을 것 같았다.

태풍이 와도 꿀잠을 잘 수 있는 방법

정자에 누워 잠을 자다가 추워서 새벽에 깼다. 바람이 얼마나 세게 불었는지 이불 대신 덮고 있던 옷은 날아갔고, 정자 주변의 쓰레기통이며 박스며 빗자루 같은 물건들이 바람에 굴러다니고 있었다. 마침 잠에서 깬 타마가 핸드폰을 검색하더니 이런 정보를 읊어주었다.

"지금 태풍이 지나가고 있다네?"

"태풍? 어쩐지 바람이 장난 아니더니…. 큰일이네."

"지나가는 거긴 한데 바람이나 비가 더 세질 수도 있을 거 같아."

"어디 갈 수도 없고 여기서 태풍이 지나갈 때까지 꼼짝없이 있어야겠네."

"그럼 내가 덮고 있는 침낭을 같이 덮고 자자."

그렇게 히히가 들고 온 침낭 한 개를 지붕 삼아 덮고는 네 명이 부둥켜안고 태풍이 잔잔해질 때까지 잠을 청했다. 다행히 전날 타마가 주워 온 장판이 있어서 바람이 불어오는 쪽을 막고, 히히의 침낭 한 개를 네 명이 둘둘 말고는 기차놀이 하듯 몸을 붙였더니 아늑하고 따듯해서 정말로 잠이 들었다.

그렇게 서너 시간이 지났을까. 갑자기 조용해져서 일어나 주변을 살펴보았다. 정자 주변에 있던 웬만한 물건들은 다 태풍에 날아가버렸고, 쌓여 있던 종이 박스들과 멀리 있던 쓰레기통 그리고 벗어놓은 신발들은 수풀에 처박혀 있었다. 장판과 침낭으로 무장한 채 잠을 청했던 길명 친구들만 무사했다.

    우리는 모두 일어나 태풍에도 잘 이겨냈다고 서로를 말없이 꼬옥 일 분 넘게 안아주었다. 그러고는 주섬주섬 짐을 챙겨서 별일 없었다는 듯 다시 길을 나섰다.

금산 시장을 구경하다 느낀 마음의 허기짐

시내에 들어서자 느낀 그리운 사회의 맛

이틀간 산으로 둘러싸인 2차선 도로의 갓길과 흙길만 걸었는데, 어느새 지나가는 차들이 많아졌다. 과수원도 나오고, 뜬금없이 공장도 출몰하고, 농가들도 뜨문뜨문 보이면서 금산 방향을 알리는 표지판이 나타났다.

저 멀리서 집들과 상가들이 보이기 시작하자 이내 금산에 이르렀다는 걸 알았다. 나는 여태까지 별 생각 없이 걷고 있었기에 '금산에는 왜 가는 거지? 남쪽으로 가는 길이라 지나가나?' 정도로만 생각하고 있었다. 그런데 아침에 타마가 금산 전통시장의 책방에서 '꿀벌'을 만나기로 해서 찾아가는 중이라고 말해주었다. 꿀벌은 불멍 캠프에서 함께했던 친구인데, 타마가 SNS에 길멍 캠프가 금산을 지난다는 소식을 올린 걸 보고는 금산 구경을 시켜주겠다고 나섰던 것이다. 그리고 재정비를 마친 민지가 텐트 대신 가벼운 짐으로 바꿔 메고 금산으로 가는 도중에 우리와 다시 합류해 함께 걷고 있었다.

길멍 캠프를 하느라 산속에 있다가 도시에 들어서면 편리함과 익숙함이라는 유혹과 마주치게 된다. 하지만 이내 길멍 캠프의 암묵적인 룰을 떠올리고는 아쉬워하며 나중으로 미루게 된다.

금산 시내에 있는 전통시장을 찾아가던 중 횡단보도에서 파란불이 켜지기를 기다리고 있었다. 마침 건너편에 흰색 바탕에 빨간색 글씨로 쓴 '맘스터치'가 딱 눈에 들어왔다. 나도 모르게 "와~ 싸이버거 맛있겠다" 하고 소리쳤다.

"나도 싸이버거 먹고 싶다."

옆에 있던 민지가 내 말에 맞장구쳤고, 둘 다 눈에서 빛이 났다.

"그렇게 먹고 싶으면 둘이 먹고 와~ 나는 괜찮아."

"초이, 고마워~ 그렇지만…. 괜찮아! 참을 수 있어! 아자, 아자!"

민지와 나는 둘 다 도시에서 직장생활을 하며 고기와 술을 즐겨 먹고 살았다. 불명 캠프와 길명 캠프를 하면서 두 달가량 주어지는 대로만, 탁발로 얻을 수 있는 식사만 하는 중이라 평소에 즐겨 먹던 음식을 보자 자신도 모르게 격한 반응이 튀어나왔던 것이다.

초이에겐 참을 수 있다고 큰소리쳤지만 마음속으로는 '둘이만 먹으러 갈까?', '아냐, 아냐! 친구들도 배고플 텐데 둘만 먹을 수는 없지', '몰래 먹고 올까?', '아냐! 같이 하는 친구들에게 피해를 줄 수는 없어' 오만 가지 생각이 떠오르며 천사와 악마가 다툼을 벌였다.

금산 시장 구경 그리고 더 허기지는 마음

오랜만에 맡아보는 생선의 비린내와 북적북적한 사람들의 소음, "좀만 깎아줘"라며 애교 아닌 애교를 부리는 아주머니의 외침에 간만에 사람 냄새가 난다.

시장 입구에서 어쩐지 어울리지 않는 달달한 한약재 냄새가 살짝 풍겨오고, 좋아하는 인삼 냄새까지 섞여드니, '여기가 금산이 맞기는 맞구나' 하며 들어섰다.

길멍 캠프는 꿀벌이 보내준 주소를 찾아 시내를 20분 넘게 돌아다니다가 시장 안쪽에 있는 '청년책방'에 도착했다. 청년책방은 재래시장 분위기와는 사뭇 다른 감성 카페 같은 아기자기한 책방이었다. 음료도 팔고 흔하지 않은 책들과 각종 행사 포스터로 덮여 있었다. 교보문고 같은 곳만 아는 나에게는 색다르게 다가왔다. 에어컨 바람에 더위도 식히고 책방 구경도 충분히 한 뒤 꿀벌의 가이드를 받으며 시장 여기저기를 둘러보았다.

그러다가 자연스레 길멍 친구들 사이에서 탁발이나 캠핑 음식 말고 시장 음식을 사 먹자는 의견이 나왔다. 음식을 사 먹기 위해 둘러보다가 포장마차 같은 외관의 중국집을 봤고 여기서 식사를 하면 좋을 것 같았다.

중국집 앞에서 멈추자 꿀벌이 가이드답게 맛집 평을 해주었다.

"친구들이 이 집 맛있대."

"그래? 그럼, 여기서 먹자. 난 짬뽕."

"난 볶음밥 먹을래."

"나는 탕수육에 짜장면 먹고 싶은데…."

"지산, 탕수육은 너무 비싸지 않아? 고기 안 먹는 친구도 있어서 탕수육은 좀…."

"그런가? 그럼 짜장면 곱빼기 먹을게."

"다 기름진 것들이라, 난 공깃밥만 먹을게. 단무지랑 김치가 있으니까 이거면 돼."

"아, 초이에겐 여기 음식이 힘들 수 있겠구나. 풀을 뜯을 곳도 없고 말이야. 채소가 있으면 나눠줄게."

주문을 하고 기다리고 있으니 내 안에서 무언가가 슬금슬금 올라오는 기분이 들었다. 탕수육에 짜장면을 먹고 싶은 마음이 가시지 않는 거다. 낮에 '싸이버거'도 먹고 싶은 걸 참은 터라 마음이 더 불만족스러웠다. 결국 내 돈을 내고라도 먹어야겠다 싶어서 탕수육 대자를 시켰다. 꼭 그래야만 하는 마음이었다. 탕수육을 먹고 나니 낮에 불만족스러웠던 마음까지 조금은 풀어졌다.

시내를 더 둘러보다 해가 져서 다리 밑에서 불을 피우고 노숙을 하기로 했다. 낮의 불만족이 아직도 남았는지 이번에는 마트에 가서 막걸리를 꼭 사 먹어야겠다는 욕구가 피어올랐다. 민지도 마시겠다고 해서 각자 막걸리를 한 병씩 사고 난 뒤 다리 밑에 모닥불을 피우고 앉았다.

초이와 꿀벌, 민지와 나까지 '폴리아모리'라는 새로운 연애 방식에 관해 대화를 나누며 막걸리를 마셨다. 금산 시내에 들어오기 전부터 비를 맞으며 걸었던 히히와 타마가 몸이 안 좋다고 털어놓았다.

"옷도 많이 젖고, 몸도 힘들어서 찜질방에서 자려고 하는데, 지산도 같이 갈래?"

"응? 나는 민지랑 술마저 먹고 갈게. 둘이 먼저 가서 쉬고 있어."

험한 산길에 태풍까지 만나 무리했는지 타마와 히히는 찜질방에 일찍 쉬러 들어갔다.

민지와 오랜만에 만나서 이야기를 나누느라 시간 가는 줄 몰랐는데, 초이와 꿀벌이 졸려 해서 그만 우리도 자기로 했다. 나는 컨디션이 좋은 상태라 노숙을 해도 괜찮았지만, 왠지 찜질방에서 편하게 쉬고 싶었다. 그렇게 늦게 찜질방에 들어가니 친구들은 이미 다 잠들어 있었다. 오랜만에 따뜻한 물로 몸을 씻고 푹신한 잠자리에 누우면 좋을 줄 알았는데… 오히려 쓸쓸했다. 하고 싶은 것을 하나 억누르니, 굳이 할 필요가 없는 덜 만족스러운 것으로 그 마음을 풀고 있는 게 느껴졌다.

오전에 횡단보도 앞에서 본 싸이버거를 먹었더라면 탕수육과 막걸리를 먹지 않았을 테고, 찜질방에 오지 않고도 만족스럽게 잠들 수 있었을 텐데, 어긋난 하루가 됐다.

다음 날 아침, 길명 친구들과 걸으면서 속 이야기를 털어놓았다.

"지산이 하고 싶은 것을 마음껏 해도 함께하는 이들의 눈치를 보지 않고, 그들도 불편하지 않을 때가 올 거야."

친구들이 나에게 들려준 말이다. 그렇게 길명 캠프에서 해야 할 일이 하나 더 늘었다. 내가 하고 싶은 것과 우리 모두가 함께하는 것 사이의 갈등에서 그 중심을 찾아가는 노력을 하기.

민지의 부시크래프트
첫 사냥

횡단보도에 떨어진 작은 새

"고기 굽는 거야?"

"네? 누구세요?"

얼굴이 흐릿하게 보일 만큼 먼 다리 위에서 처음 보는 아저씨가 말을 걸어왔다.

"고기 굽는 거냐고?"

"아, 아침 먹으려고 불 피우는 거예요."

묻기만 하고 가실 줄 알았는데 아저씨는 100m가량을

뺑뺑 돌아 다리 밑으로 내려왔다.

"뭐 먹는 거야? 고기 있어?"

"고기는 없고 감자와 밥이랑 김치는 있어요."

"고기 굽는 줄 알고 한 점 얻어먹으러 왔더니 없구나. 근데 왜 고기를 안 구워 먹어?"

"여행하는 중이라 고기는 안 가지고 다녀요."

"그래? 고기 먹고 싶은데, 아쉽네. 근데 무슨 여행하는 거야?"

"강화도에서부터 남쪽으로 걸어서 여행하고 있어요."

"그럼 잘 먹어야지. 고기 구워 먹어, 고기."

이미 술에 취해서 기분이 좋아 보이는 아저씨는 고기가 없자 금세 자기 갈 길을 갔다.

금산에서의 둘째 날, 길멍 캠프는 다리 밑에서 아침을 챙겨 먹은 후 꿀벌의 모교인 '금산간디학교'를 견학하기로 했다. 대전에서 같이 출발했던 히히는 며칠간 즐겁게 지냈다며 떠났고, 초이와 민지, 타마와 나 그리고 꿀벌, 다섯 명이 된 길멍 캠프는 금산 시내를 벗어나 산길로 향했다.

한두 시간 걸었을까. 교차로 횡단보도를 건너는 민지의 어깨 위로 갑자기 작은 새 한 마리가 떨어졌다. 그러고는 어깨에서 미끄러져 도로 한복판에서 기절해버렸다. 새를 구하기 위해 민지가 들어 올려 손바닥 위에 놓자, 이내 정신을 차렸는지 몇 초도 안 돼 날개를 퍼덕이며 날아갔다.

하늘에서 갑자기 떨어진 새를 신기해하며 걷다 보니 어느덧 점심시간이 돼 물가에서 식사를 하기로 했다. 시내를 벗어난 산길이어서 탁발은 할 수 없었고, 가지고 있는 식재료가 점심 메뉴가 됐다.

타마와 나는 튼튼한 나뭇가지 세 개를 주워 와 역시 주운 끈으로 묶어서 캠핑 삼각대를 만들었다. 민지는 가방에서 반합을 꺼내 예전에 받았던 카레 가루를 넣었다. 초이는 버려진 감자를 한 무더기 주워서 가지고 다녔던 터라 감자의 썩은 부위만 도려내고 카레에 넣었다.

두 달 가까이 같이 캠핑을 하다 보니, 어느새 서로 무엇을 해야 할지 눈에 보이고 손발도 척척 맞게 됐다.

숲 속 길에서 알게 된 민지의 본심

꿀벌을 따라 산길인 듯 도로인 듯 잘 닦인 2차선 도로의 갓길을 걸었다. 외진 곳인지 두세 시간 걷는 동안 차는 겨우 두 대만 보였고, 양옆으로는 사람 키의 두세 배가 넘는 나무들이 우거져 있었다.

오르막길을 걷는데 민지가 갑자기 '으, 아, 앗!' 기합 소리를 내며 앞으로 마구 뛰어가더니 들고 있던 지팡이를 몇 번이나 내리쳤다. 순간 속으로 '드디어 만날 것을 만났구나! 계속 비가 오더니 숲 속에서 드디어 뱀을 만났구나!' 하고 생각했다.

나는 민지가 뱀을 잘 잡았는지 확인하려고 가까이 다가갔다. 그런데 먼저 확인하러 간 친구들이 심각한 표정으로 몇 초간 말없이 가만히 서 있는 게 아닌가. 나 또한 무슨 상황인지 한참 머리를 굴려야 했다.

"애들아, 드디어 잡았어! 잡았다고! 저기서 움직이는 걸 보고 바로 지팡이로 잡았어. 평소에 이미지 트레이닝을 하고 있었더니 보자마자 바로 행동이 나오네. 이제 이걸 어떻게 요리하면 좋을까?"

"으… 음… 새네?"

"응, 새야. 드디어 잡았어."

"그렇구나. 뱀인 줄 알았는데, 새였구나."

새를 잡은 민지는 드디어 해냈다는 기쁨에 어찌할 바를 몰라 하면서 길명 친구들과 기쁨을 나누고 싶어 했다.

이때 알았다. 민지가 볼음도에서 매일 어망 낚시를 해서 생선을 잡고, 회를 뜨고, 저수지의 오리를 보며 새총을 준비하고, 이렇게 저렇게 길멍 캠프를 이어왔던 원동력을. 그건 부시크래프트(Bushcraft)를 하며 친구들과 캠핑을 하기 위해서였다.

길멍 친구들은 두 달 동안 같이 먹고 자고 걸으며 이야기하면서 많은 시간을 보냈지만, 정작 민지가 원하는 것을 제대로 알지 못했다. 한동안 이야기를 나눈 길멍 친구들은 민지의 바람을 진심으로 이해하고 같이 동참하기로 했다.

민지는 어떻게 요리해야 하는지 검색해보고는 손질은 직접 할 테니 불 피우는 것을 도와달라고 했다. 나는 나뭇가지와 불쏘시개가 될 만한 것을 주우러 주변을 살폈고, 초이는 새의 핏물을 빼고 불을 피우는 작업을 도왔다.

초이는 주로 채소를 먹었지만 일단 생명을 거두었으면 같이 책임져야 한다는 마음이었기에, 불도 같이 피우고 요리해서 같이 먹기로 했다. 그런데 막상 새 요리를 하니 사냥의 기쁨은 잠시였고, 생각보다 손이 많이 가고 먹을 것도 없었다. 잡내 또한 잡지 못해서 비린 냄새 때문에 나는 한 번 맛보고는 더 이상 먹지 않았다. 친구들은 '생명을 거두고 함께 나눈다는 의식을 치르는 의미가 있다'며 힘겹게 다 먹었다.

여태껏 나에게 고기는 마트에서 몇만 원 주고 사는 흔

한 식재료 중 하나였다. 그런데 이 일이 있고 난 후 고기에 대한 생각이 달라졌다. 우연한 기회로 생명인 상태에서 죽이고, 그것의 털을 뽑고 피를 뽑아 내장을 제거하고, 물로 씻어내고 부위별로 잘라내는 과정을 같이 하게 되면서 생각도 바뀌었던 것이다.

그렇다고 내가 하루아침에 비건이 됐다는 거창한 이야기는 아니다. 적어도 한때 생명을 가진 동물이었다는 인식 없이 그저 식량으로만 고기를 바라보지 않게 됐다는 것이다. 이후로는 살을 내준 생명에 감사하고, 가공 과정을 대신해준 이에게 고마워하며, 내가 간편히 구매할 수 있도록 해준 판매자에게도 감사한 마음이 생겼다.

덤스터 다이빙만으로도
살 수 있지 않을까?

구례 영원의 집 구경

흙길을 따라 골목길 끝에 도착하니 낮은 담장 너머로 검은색 기와들이 머리끝만 뾰족 내민 채 인사한다. 대문은 성인 두 명이 겨우 지나갈 정도로 작아서 아담한 사당이 아닐까 궁금해질 때쯤 공들여 쌓은 회색 돌담 위에 정성스레 쌓아 올린 멋들어진 기와가 눈길을 사로잡았다.

한옥을 한참 보고 나서야 왼편에 서 있는 허름한 옛날 시골집이 눈에 들어왔다. 가로로 길게 지은 시골집은 대문도 없이 검은색 기와집을 지키는 문지기같이 떡하니 서 있었다.

꿀벌의 소개로 금산간디학교 여기저기를 견학한 후 나와 타마는 일이 있어서 도시로 올라가고, 길명 캠프는 장수 방면으로 길을 떠났었다.

볼일을 보고 다시 길명 캠프를 찾아가기 위해 연락을 했더니 구례의 영원 집에 있다고 했다. 담장 없는 시골집 앞마당에서 길명 친구들은 파치카를 흔들고 우쿨렐레를 연주하거나 들풀을 살펴보는 등 자유롭게 시간을 보내고 있었다.

"얘들아, 안녕~"

"어? 지산이다! 반가워~ 언제 왔어?"

"방금 왔지. 친구들은 언제 왔어?"

"어제 도착했어. 감자도 같이 있었는데 어제 하동으로 돌아갔네. 우리는 집 구경 다 했어. 영원에게 집 구경 좀 시켜달라고 해."

볼음도에서 같이 어망 낚시를 했던 감자가 이미 돌아갔다는 말에 무척 아쉬웠지만, 지리산 근처니 곧 만날 수 있으리라 생각하고 지금 이 순간에 집중하기로 했다.

"지산, 집 구경 지금 할래?"

영원이 따듯한 말투로 물었다.

"응, 그러면 고맙지."

"옛날 집이라 마루가 일자로 길게 나 있어. 오른쪽으로 쭉 들어가면 부엌이 나오고, 부엌 옆방은 사랑방인데 지금은 악기 방으로 쓰고 있어. 왼쪽 큰 안방은 우리가 지금 지내는 곳. 옛날 집이라서 마루를 통해서 다녀야 해."

"오~ 혼자 지내기에 엄청 넓고 좋은걸. 이런 데는 얼마나 해?"

"여긴 좀 특별한 곳이야. 저기 대문 보이지?"

"응, 무슨 양반집 같은 곳이 있네."

"바로 저기 안쪽 집이랑 잔디를 관리해주는 조건으로 여기서 지내는 거야."

"진짜? 그런다고 여기서 지낼 수 있다고? 나도 그런 집 구하고 싶다."

"나도 이 지역에서 오래 지내다 보니 우연히 구할 수 있었어. 운이 좋았지. 근데 슬슬 이 집도 정리하려고 해."

"아니, 이 좋은 집을 왜?"

"더 가벼워지려고. 집이 있으니 짐들도 점점 늘어나고, 길명 캠프 하고 있으니까 집에 올 일도 없는데 관리하러 일부러 와야 되더라고. 없는 게 더 좋은 거 같아서."

"와, 내가 이어서 하고 싶다. 근데 나도 길멍 캠프 하느라 집에 안 들어가는데 필요가 없긴 하네."

솔골마을 쉼터에서 집에 볼일이 있어 영원이 급하게 떠났을 때는 왜 그러는지 이해되지 않았는데, 그의 이야기를 듣고 나니 집주인이 온다고 해서 잔디를 관리하러 갔었구나 하는 생각이 들었다.

기존의 상식을 벗어나 사는 사람

저녁 식사를 위해 영원과 오토바이를 타고 시내 마트에 가서 장을 봐 왔다. 길멍 캠프는 자급자족을 기본으로 하는데, 며칠간 한곳에 머물며 지속적으로 탁발을 하면 민폐인 걸 알게 됐다. 또 초대받은 집 주변에서 탁발을 하면 이웃들 사이에서 초대한 분에 대해 괜한 뒷말이 돌 수 있었다. 그래서 우리는 직접 밥을 해 먹기로 하고 장을 보기로 했던 것이다.

그렇게 사 온 식재료로 저녁을 만들어 먹고 난 뒤 바태가 함께 보고 싶은 영상이 있다고 해서 우리는 불을 끄고 텔레비전 앞에 옹기종기 모여 앉았다.

해외의 어느 뒷골목에서 30대로 보이는 남성이 무언가

를 찾아 길을 걷고 있다. 이내 쓰레기통을 발견하고는 뚜껑을 열고 종이봉투를 꺼낸다. 봉투 안에는 음식들이 들어 있는데, 남자는 자연스럽게 그 음식들을 먹으며 저녁 식사를 한다.

식사를 마친 후에는 옆의 쓰레기 더미를 뒤적거린다. 무얼 찾나 했더니 괜찮은 옷이 나오거나 하면 바로 입어보고서 챙기고, 신발도 발에 맞는지 신어보고 맞으면 바로 신는다. 그리고 멀쩡해 보이는 잡동사니 물건들도 몇 개 챙긴다. 어느새 해는 져서 밤이 됐고, 근처의 종이 박스를 주워서 골목길 구석에 박스를 펼쳐 깔고 잠을 청한다.

카메라는 다음 날 아침 일터로 일하러 가는 남자의 뒷모습을 비춘다. 시간이 흘러 해가 지고, 일을 끝낸 남자가 전날 봤던 뒷골목과 비슷해 보이는 곳에서 무언가를 찾는 듯 길을 걷는 뒷모습을 보여주면서 영상은 끝난다.

길멍 캠프란 초이에겐 친구들과 같이 집으로 가는 길이었고, 민지에겐 부시크래프트를 하는 탐험 길이었으며, 타마에겐 만주를 향해 가면서 모두를 하나로 연결하는 여행 길이었다.

나에게 길멍 캠프란 전혀 해보지 않은 새로운 삶의 방

식을 시도하는 도전이었고, 영원에겐 몸과 마음을 가볍게 하는 시도였다. 길명 캠프는 무엇을 하든 새로운 방향이었고, 오직 하나의 길만 존재한다고 생각했던 도시의 삶에 대한 새로운 해결책을 찾아가는 모색의 기회였다. 그래서 쓰레기통을 뒤져서 먹고, 쓰고, 입고, 어디서 자든 거리낄 게 없었다.

덤스터 다이빙 영상을 보고 나니, 이렇게 몇 달만 하는 게 아니라 그 모습 자체를 삶에서도 지속할 수 있다는 걸 알게 됐다.

그렇게 지속 가능한 삶의 모델을 만나면서 새로운 삶에 도전할 마음을 품게 됐다.

함양 온배움터에서 풀문 게더링

풀문 게더링과 무명의 보사노바

구름이 하늘을 덮고 보슬보슬 이슬비가 내리는 보름날 밤, 풀문 게더링이 열렸다.

보름달을 보기 위해 우리가 모인 것을 구름도 아는지, 잠깐 자리를 비켜서 보름달이 고개를 빼꼼 내밀었다. 어두운 밤에 보름달이 비치니 너무나 반가워서 모닥불 주변을 돌며 강강술래를 추었다. 이슬비도 어둠도 오히려 우리를 더 신명나게 만들었다.

불멍 캠프에서 만났던 김단의 초대로 우리는 구례에서 함양에 있는 온배움터(녹색대학)로 왔다. 길멍 캠프에 관한 사연을 듣고 온배움터에서 '마침 방학이니 초대해서 이야기도 듣고, 쉬어갈 수 있게 해주고 싶다'고 했던 것이다.

길멍 캠프에 백만 원을 후원해주신 빛살 선생님, 미세마을 농사꾼 김단과 그와 친분이 있는 독립연구가 겸 작가인 신채원, 부산 온배움터를 운영하는 산뽕스 그리고 여수에서 '준호네 회 떠주는 집'을 운영하는 용궁요정 님이 먹거리를 잔뜩 가지고 오셨다. 온배움터에서 길멍 캠프가 풀문 게더링을 한다는 소식이 전해져서 뭔가 도움을 주러 찾아온 것이다.

민지의 고등학교 동창인 무명이 홀로 여행을 하다가 길멍 캠프의 SNS를 보고는 놀러 왔다. 또 동학에 심취해 동학 드라마에 나오는 대사를 연극하듯 크게 외치고 다니던 지웅, 초등학교 저학년인데도 캠핑에 진심이라 모닥불을 피우며 노는 소담과 누리, 일전에 방문했던 대안학교 친구들, 춤추고 노는 것으로 삶의 변화를 꾀하고 있는 놀룩, 그리고 볼음도에서 같이했던 친구들 등 서른 명 가까이 모이니 모닥불은 없지만 불멍 캠프의 분위기가 물씬 났다.

숙소 앞마당에 놓인 긴 나무 테이블에 둘러앉아 수다

를 떨고 있는데, 도랑이 젬베를 가져와 연주하기 시작했다. 도랑의 비트를 듣던 무명은 보사노바 곡을 작곡했다며 우쿨렐레를 치며 즉흥적으로 노래를 불렀다. 평소에 걸을 때는 길멍 친구들끼리 신나는 수준으로 노래를 불렀지 각 잡고 멋지게 노래를 부른 적은 없고 부를 수도 없었다. 무명의 중저음 목소리에 흠뻑 빠져서 모두 넋을 놓고 듣는데, 친구들 뒤에서 놀룩이 프리스타일 댄스로 몸을 흔들흔들하며 자연스레 무명 뒤로 와서 백댄서가 됐다. 그렇게 무대와 공연이 이어졌다.

저녁 식사 시간이 되자 용궁요정 님이 아이스박스 두 개에 듬뿍 가져온 횟감을 꺼내놓았다. 모두 배가 불러서 더 이상 못 먹을 정도로 용궁잔치를 벌였다.

보름달이 뜬 밤에 이슬비가 내렸지만 모두가 운동장에 모여 모닥불을 피우고는 강강술래를 하며 달을 조명 삼아 왈츠도 추고 노래도 부르며 풀문 게더링을 즐겼다.

나는 심각하게 잠귀가 밝은 녀석이었다

온배움터로 초대해주신 분들과 인사 자리에서 자급자족으로 걷는 여정에 대해 대화를 나누고 술잔도 몇 번 오가다 보니 자정이 훌쩍 넘었다. 이미 많은 친구들은 숙소로 잠을 자러 갔다. 하지만 술기운이 오른 터라 숙소로 가기도 귀찮고, 초이랑 타마가 방석을 베개 삼아 잠을 자고 있기에 나도 구석에서 잠을 청했다. 하지만 바로 잠들지는 못했다. 풀문 게더링을 계획한 호스트 김단과 그의 친구들의 대화가 새벽 3시 반까지 이어졌기 때문이다. 자려고 누웠지만, 잠귀가 밝은 나는 잠들 수가 없었다.

두 달 넘게 친구들과 지내면서도 눈치채지 못했는데, 이제 보니 나는 심각하게 잠귀가 밝은 녀석이었다. 만약 숙면을 취하고 싶다면 끝까지 놀고 나서 모두가 잠든 후에 지쳐서 자야 하는 사람이 나였던 것이다.

그래서 그날 이후로 저녁 시간은 자리가 파할 때까지 친구들과 함께 놀고, 아침엔 늦게 일어나는 것으로 생활 패턴을 바꾸었다.

산내 실상사에서 만난 인연들

'마법의 가루' 들깨 가루

지리산 산내의 실상사에서 길멍 캠프를 초대했다.

풀문 게더링 이후 길멍 캠프와 같이 걷고 싶어 하는 친구들이 함께하고 있어서 실상사로 걸어가는 길이 시끌벅적했다. 홀로 여행하는 중이었지만 같이 지내는 게 괜찮았는지 무명도 같이 걷기로 했고, 소담과 누리 남매도 같이 걷기로 했고, 자리타와 대안학교에서 온 희망까지 열 명이 넘게 함께하는 길멍 캠프가 됐다.

흥이 많은 무명 덕분에 길에서 명상과 멍 때리는 대신 우쿨렐레로 노래를 부르고 웃고 떠드는 여정이 됐다. 무명은 그때그때 생각을 바로 노랫말로 바꾸어 즉흥적으로 노래를 만들어 불러주었다. 특히 풀문 게더링에서 맛있게 먹었던 들깨 가루가 들어간 음식을 떠올리더니 노래를 뚝딱 만들었다.

마법의 가루 들깨 가루

마법의 가루 들깨 가루

들깨 가루 콩국수 맛있어

들깨 가루 수제비 맛있어

마법의 가루 들깨 가루

마법의 가루 들깨 가루

다들 신나서 어깨춤을 추며 떼창을 부르니, 여름의 더위마저 잊을 만큼 신이 났다.

춤을 잘 추는 사람으로만 알았는데: 놀룩 이야기

풀문 게더링에서 만난 놀룩이 실상사 가는 길목에 자기 집이 있다며 점심을 먹고 가라고 초대해주었다. 소똥 냄새

나는 시골길을 한 시간 정도 걷다 보니, 버스도 다니고 하나로마트도 있는 읍내에 도착했다. 골목으로 들어서서 집 세 채를 지났을 때 담장 높이가 1m도 안 되는 시골집이 나왔다.

녹이 슬어 귀퉁이가 뻘건 옛날 철제 대문 입구에 들어서자 왼쪽으로는 저마다 키가 다른 푸른 채소들로 가득한 텃밭이 보이고, 오른쪽으로는 정겨운 옛날식 수돗가를 품은 한옥집이 세로로 쭉 뻗어 있다. 나무 마루 없이 바로 흰색 벽지의 방들이 보이는 게 여름이라 그런지 시원해 보인다. 텃밭 너머 낮은 회색 담장이 시골살이의 운치를 더해주고, 저 멀리 산자락들이 배경으로 드리웠다.

나중에 알았는데 놀룩은 결혼해 함께 사는 부부의 팀명이었다. 놀룩은 직장을 다니며 돈을 벌기보다 놀면서 삶을 꾸릴 방법을 찾아가는 친구들이다. 마당을 모두 텃밭으로 가꿔서 채소들을 자급자족한다. 시골집 또한 부부 둘이서 벽지부터 하나하나 모든 걸 직접 꾸며서 지내고 있고, 집 안에 들어서면 바로 눈에 띄는 결혼사진 역시 직접 찍은 작품이었다.

낮은 담장에 매료된 길명 친구들은 담장에 올라가 고양이 놀이를 하다가 담장에서 요가를 하는 지경에 이르렀다.

하나로마트를 지나다가 유통기한이 지나서 버려진 토마토소스 두 병을 주웠었는데 냄새와 맛을 확인하고는 괜찮아서 요리를 시작했다.

텃밭에서 채소를 따서 반찬도 만들고, 밥솥과 냄비 밥까지 해서 열 명이 넘는 친구들이 점심을 먹었다. 그리고 늦은 오후에 다시 실상사를 향해 걸었다.

기꺼이 집을 내어준 마을 주민

해가 지고 나서도 한참을 더 걸어 저녁 9시 전에 간신히 실상사에 도착했다.

실상사로 길멍 캠프를 초대한 친구들은 대안적인 삶을 살아보려고 시골에 자리 잡고 이런저런 실험을 하고 있는 생명평화대학의 청년들이었다.

"종종 문제에 직접 맞서며 해결책을 찾는 중이었어요. 그런데 색다른 모습으로 길을 걸으며 생활하는 길멍 캠프라는 게 있다기에 어떻게 지내면서 문제를 해결해 나가는지 의견을 듣고 싶어서 초대했어요."

길멍 캠프는 늦은 저녁을 먹으며 두 시간 넘게 이런저런 이야기를 나누고는 따뜻한 잠자리를 선물 받았다.

다음 날 실상사 주변을 둘러보던 중에 우연히 대형 개

를 산책시키는 주민을 만났다.

"아이고, 예뻐라. 만져봐도 돼요?"

"응, 순해서 안 물어. 여기 사람이 아닌 거 같은데 어디서 왔어?"

"저희는 실상사에 친구들을 만나러 왔어요."

"근데 왜 이렇게 많아? 뭐 하는 사람들이야?"

"걸어서 여행하는 중이에요. 볼음도에서부터 걸어서 계속 남쪽으로 걷고 있어요."

"여행하는구나! 나 저쪽 집에 사는데, 여행하다가 잘 곳이 없으면 얘기해."

"어? 혹시 오늘 재워주실 수 있나요?"

그렇게 마을을 벗어나지도 않고 바로 다음 장소가 정해졌다.

"평소에 자주 손님들을 받는 곳이라 이불이랑 식기는 충분하고 음식은 냉장고에서 꺼내서 해 먹어. 대신 설거지는 바로바로 해놓고."

"집이 너무 좋아요. 감사합니다."

마당이 넓고 방도 많은 집이었는데 평소 친분 있는 손님들이 자주 와서 그런지 인원이 많은 우리를 별 문제 없다는 듯 받아주셨다.

마루에 앉아 별이 가득한 밤하늘을 보고 있으니, 우쿨렐레 소리가 슬며시 내 옆자리에 앉는다. 아~ 아~ 목소리를 가다듬은 무명이 시원한 밤공기를 관객 삼아 보사노바를 불렀고, 뒤늦은 관객으로 길명 친구들도 하나둘씩 자리를 잡고는 무명의 노래에 빠져들었다. 흥에 겨웠는지 달님도 구름 뒤에서 나와 마당을 밝히고 길명 친구들도 음악에 맞춰 저마다 춤을 추었다.

그렇게 날마다 달빛 게더링을 열었다.

마음에 걸리는 게 없는 소비

여유로운 아침 시간을 보내고 있는데, 실상사에 초대해 준 상글이 말을 걸어왔다.

"혹시 클라이밍 좋아해?"

"친구와 해본 적이 있는데 좋았던 거 같아."

"근처 남원에 클라이밍 장이 있는데 같이 가볼래?"

"그래, 가자. 길명 친구들도 부를게."

마침 근처에 민지와 초이가 있어서 같이 가자고 했더니 좋아했다. 아침을 먹고 초이, 민지, 나, 상글, 네 명이 가기로 했다.

"잠깐만 차 시간이⋯ 버스가 10분 후에 오네? 시골이라서 버스가 하루에 몇 대 없어. 뛰자!"

"헐, 진짜? 그럼 빨리 가자. 필요한 건 없지?"

"가면 다 있어. 이 길로 가면 지름길이야. 안 놓치고 탈 수 있어."

네 명이서 시골길을 신나게 뛰어가 버스를 아슬아슬하게 잡아탔다. 그런데 요금을 내려던 민지의 표정이 어두워졌다.

"어? 뛰다가 핸드폰을 떨어뜨린 것 같아…. 왔던 길로 찾으러 가야겠다! 우린 히치하이킹을 하든 택시를 타든 알아서 갈 테니까 너희 먼저 가."

"아이고, 이런 일이 생길 줄이야. 초이랑 민지 너희들 꼭 와야 해. 우리 먼저 갈게."

늘 계획대로 되지 않는 게 여행의 묘미다. 어쩌다 두 팀으로 갈리게 돼 상글과 버스를 타고 클라이밍 장으로 향하는데, 그 버스마저 잘못 타서 다른 방향으로 가는 바람에 도중에 내려 남원역에서 시내까지 걸어갔다. 덕분에 시내 구경까지 하고는 다른 버스로 환승해 도착했더니 늦게 출발했던 초이와 민지가 진즉에 도착해 클라이밍을 하고 있었다.

"어떻게 벌써 도착했어? 핸드폰 찾으러 갔었잖아."

"좀 되돌아가니 바닥에 핸드폰이 떨어져 있더라고. 그래서 큰길로 나와 히치하이킹을 했는데, 마침 클라이밍 장 가는 분을 만나서 여기까지 같이 왔어. 저분이셔."

"히치하이킹으로 클라이밍 장 가는 분을 만났다고? 대체 뭐지? 믿을 수가 없는데. 설마 누가 몰래카메라라도 찍고 있는 거 아냐?"

"그러니까 우리도 깜짝 놀랐다니깐. 차에서 이야기했는데 여기 종종 오시는 거 같았어."

"하여간 무사히 핸드폰도 찾고 잘 왔다니 다행이다."

뒤늦게 클라이밍하러 갔다는 이야기를 전해 듣고, 오후에는 영원과 희망 그리고 꿀벌과 지웅까지 찾아왔다.

클라이밍 장비를 빌리려 사무실로 들어가니 두 달 넘게 돈 쓰는 모습을 보인 적이 없는 초이가 클라이밍 사용료는 즐겁게 낼 수 있다며 내 입장료까지 내주었다.

"여태까지 돈을 쓸 필요가 없었는데, 친구들과 같이 있으니 돈을 쓸 일도 생기는 거 같네. 그래서 돈 쓰는 연습을 해보려고. 클라이밍은 마음에 걸리는 게 없어서 돈을 쓸 수 있겠어."

"오, 그래? 친구들과 같이 하기 위해서라… 그런 이유라면 감사하게 받을게."

"근데 카드 어떻게 쓰는 거지? 너무 오래 안 써서 잊어버렸네."

키오스크 기계를 만나서 버벅대는 초이를 도와주었다. 돈 안 쓰는 연습을 위해 길멍 캠프를 하는 나와 정반대의 입장에 있는 친구의 모습을 보면서 궁금해졌다.

초이가 말한 '마음에 걸리는 게 없는 소비'는 무엇일까? 기분을 충족시키거나 나중을 위해서거나 마음의 빈자리를 위한 소비가 아닌, 지금을 살아가는 데 필요한 소비라서 돈을 썼던 걸까? 마음에 걸리지 않는 소비의 기준은 잘 모르겠지만, 이 걷는 여행을 겪고 난 후 몇 년이 지났을 때 초이와 나는 어떤 모습으로 변해 있을지 궁금해진다.

모두가 꿈꾸는
오두막집에서 하룻밤

순창 '모두의 숲'으로 초대

 모기들이 뷔페를 열었는지 여기저기서 달려들었다. '많으면 많을수록 좋겠지?' 쑥을 한 아름 들어 모닥불에 던져 넣었다. 연기가 엄청나게 피어올라 천연 모기퇴치제가 됐다. 덕분에 진한 쑥 연기에 기침이 나며 캑캑거려 나도 퇴치될 뻔했다.

 "아무리 반팔 반바지 차림이라지만 왜 나에게만 달려드는 거 같지? 고기를 좋아하는 고기쟁이라서 내 피가 맛있는 걸까?"

옆에 앉은 평온한 모습의 민지에게 묻자 민지는 "나도 엄청 뜯기고 있어"라고 점잖게 말했다. 순간 나만 참을성 없는 어른이 돼버렸다.

남원 클라이밍 장에서 웃고 떠들다가 우연히 클라이밍을 하러 온 장고를 만났다. 우린 간식도 얻어먹고 기념사진도 찍었다. 서로 얘기를 나누다가 인연이라고 생각했는지, 장고는 순창의 '모두의 숲'으로 길멍 캠프를 초대했다.

'흙건축연구소 살림'을 운영하는 장고는 건설회사의 대표이자 귀농하는 이들의 대선배였다. 자유롭게 돌아다니는 길멍 친구들이 좋아할 만한 곳이라며 직접 '모두의 숲'을 안내해주었다.

순창의 시골길을 한참 가다가 옆길로 빠져서 차 한 대 지날 만한 산길을 따라 들어가면 야산 초입에 나무로 지은 집이 한 채 있다. 집 뒤쪽의 산 전체가 '모두의 숲'이었다.

'모두의 숲'의 시작점인 것을 알리듯 세워진 한옥은, 외관은 나무인데 내부는 흙으로 지어진 구들방 집이었다. 나무로 된 집은 많이 봐왔지만 실내에 들어가 보니 기존에 보던 집의 마무리와는 너무나 달라서 장고에게 물어볼 수밖에 없었다.

"정말 나무와 흙으로만 지었어요?"

"생명 에너지의 건강한 순환을 꿈꾸며 만든 공간이에요. 모든 것이 나무와 흙으로만 돼 있는 건 아니지만, 플라스틱과 일회용품은 일절 없이 자연에서 얻을 수 있는 것들만으로 지었죠."

가지고 있던 짐을 내려놓고 황토색 바닥에 누워보았다. 시원함과 함께 부드러움이 느껴졌다.

"방바닥도 흙인 거죠? 관리하기 쉽지 않겠어요."

"그만큼 집이 살아 숨 쉬고 있는 거죠. 여름에 시원하고 겨울에는 따뜻하게 지낼 수 있어요."

나무와 흙으로 지은 집 옆에는 화장실이 있었다. 이름이 재밌었다. '똥제작소'. 볼음도의 생태화장실처럼 변을 모아서 비료로 사용한다고 했다. 두 달 만에 다시 만나다니… 반갑지는 않았는데, 왠지 고향에 온 기분이었다.

장고를 따라 산길을 10분 정도 올라가니 언덕 위 나무들 사이에 2층 오두막집이 서 있었다. 마을이 한눈에 내려다보이는 경치는 가슴이 뻥 뚫리는 듯 시원했고,『톰 소여의 모험』에 나오는 오두막집을 떠오르게 했다.

오두막집 근처 나무들 사이로 모험 밧줄 놀이터를 꾸

며놓아 자연 생태를 체험하면서 모험 캠프를 할 수도 있었다. 길멍 친구들은 신나게 밧줄 모험을 즐기다 잠시 네트에 누워서 산림욕을 즐기며 낮잠을 잤다.

마음 맞는 친구만 있다면 어디서든 게더링

자연과 하나가 된 환경에 만족해하던 민지와 초이는 근처에 흐르는 물이 있는지 물었다.

"저쪽 숲 속에 작은 물길이 있어요. 따라와 봐요."

나뭇가지들을 헤치며 3분가량 숲 속 깊숙이 들어갔다.

"여기 물이 흐르는데, 비가 올 때는 물이 많은 편이고 지금은 비가 안 와서 별로 없네요."

"아, 아쉽네요. 씻을 수 있을 정도의 물이 있으면 여기서 게더링을 열 수 있을 텐데…."

민지는 걸으면서도 볼음도에서처럼 게더링을 할 만한 장소를 찾고 있는 것 같았다.

"숲을 그대로 지키면서 오두막과 밧줄 놀이터까지 꾸며놓으셨네요. 할 수만 있다면 여기서 친구들이랑 일주일이라도 게더링을 열고 싶어요."

"모두의 숲은 열려 있어요. 친구들을 불러서 게더링을 열면 좋겠네요."

재미있는 친구들이 왔다는 소문이 퍼졌는지 저녁에는 장고의 친구 운엽이 종류별로 술을 들고 찾아왔다. 해가 지기 전부터 모닥불 앞에 모여 장고가 가져다준 고기도 굽고 술도 마시니 무명이 우쿨렐레를 가져와 노래를 부르기 시작했다. 방에서 쉬던 친구들도 하나둘씩 자리를 잡고 앉아서 악기를 치며 노래를 따라 불렀다.

오늘 밤도 모두의 숲에서 달빛 게더링이 열렸다.

다음 날 아침 오두막집에서 잠을 잔 꿀벌이 아침을 먹으러 내려와서는 하소연했다.

"으, 무서워서 잠을 제대로 못 잤어."

"무슨 일이야? 어제 노래 부르고 놀다 말고 선착순이라며 오두막집에서 잘 거라고 신나서 뛰어가더니 귀신이라도 나타났어?"

"지산! 그렇게 얘기하지 마…. 바람이 계속 부는데 문짝도 흔들리고 무언가 옆에 서 있는 거 같았어. 진짜 어떻게 잠들었는지도 모르겠어."

"그래? 꿀벌 뒤에 뭐가 서 있는데?"

곡성 어딘가를 걷고 있을
길멍 친구 찾기

길멍 캠프가 없어질 위기에 처하다

부드러운 이불에 볼을 비비며 늘어지게 잠을 자고 있는데, 갑자기 울리는 전화에 잠을 깼다.

"여보세요?"

"지산 핸드폰 맞죠?"

"맞는데요. 혹시 희망이야?"

"응, 맞아. 근데 어디야?"

"부모님 댁. 아침에 웬일로 전화했어?"

"네게 말해줘야 할 게 있어서. 지금 길멍 캠프의 다른 친구들은 없고 민지랑 초이, 나까지 세 명만 있는데, 난 오후에 부산에 일이 있어서 돌아가려고 해. 그래서 네가 나중에 찾아오기 힘들 수도 있겠다 싶어 연락하는 거야. 핸드폰을 나만 갖고 있거든."

"민지도 핸드폰 있잖아?"

"어제 택배로 집에 보내버렸대."

'마른하늘에 날벼락'이란 이럴 때 쓰는 말 같았다.

"그랬구나. 최대한 빨리 곡성으로 갈 테니, 부산으로 내려가기 전에 연락 한번 줘."

길멍 캠프를 하면서 초이는 핸드폰뿐만 아니라 침낭으로 쓰던 패딩과 당장 필요하지 않은 것들을 하나씩 내려놓았다. 그렇게 체크카드 한 장과 현금 조금 그리고 악기 파치카와 옷가지 한두 벌, 우비와 과도가 초이가 짊어진 짐의 전부였다.

그 모습을 한 달 넘게 지켜본 민지도 감명을 받았는지 SNS로 길멍 캠프 소식을 올리던 핸드폰도 부모님 댁으로 보내버리고 현재의 삶에만 집중하려고 한 것 같았다.

희망의 전화를 받고는 지금 이 둘을 만나지 않으면 연락도 끊기고 길멍 캠프도 중간에 끝날 것 같은 위기감이 들었다. 자리를 박차고 일어나 짐을 5분 만에 챙기고는 무작정 기차역으로 향했다.

11시 11분 기차를 타고 서울에서 곡성으로 가던 중 희망에게 다시 전화가 왔다.

"지산, 난 이제 부산으로 내려가볼게."

"그래, 연락해줘서 고마워. 혹시 둘이랑 잠깐 통화할 수 있을까?"

"지산, 안녕~"

"응, 안녕. 민지랑 초이는 이제 어디로 갈 거야?"

"아마도 남쪽으로 가지 않을까 싶네. 아직 정하지는 않았어."

"그래? 그럼 정해지면 내가 전화번호 가르쳐줄 테니까 연락해줄래? 근데 적을 건 있어?"

"없는데? 둘이 같이 외우면 한 사람이 잊어버려도 기억해낼 수 있을 거야. 전화번호 오랜만에 외워보네. 옛날에는 다 외우고 다녔는데."

"그러게. 그땐 가족과 친구들 번호를 다 외워서 전화했는데. 옛날 실력 발휘하면 잘 외울 수 있을 거야. 그럼 꼭 연락해줘."

도시에서 누군가를 만난다면 장소와 시간을 딱 정하겠

지만, 길명 캠프는 왠지 그렇게 하고 싶지 않았다. 길을 걸으며 멍 때리는 캠프이기에 내 편리함을 위해서 그 걸음을 멈추게 하고 싶지 않았다. 그래서 민지와 초이의 움직임을 거스르지 않고 자연스럽게 함께하고 싶었다.

그렇게 곡성을 향해 친구들을 만나러 기차는 달렸다.

간절한 두 마음이 만들어낸 일

길명 친구들과 연락이 닿자 긴장이 풀렸는지 곡성으로 가는 기차에서 잠깐 잠이 들었다. 그런데 그새 모르는 번호로 부재중 전화가 두 번이나 찍혀 있었다. 남의 핸드폰을 빌려서 애써 전화를 해줬는데 자느라고 못 받은 나 자신이 원망스러웠다. 찍힌 번호로 얼른 전화를 걸어보니 웬 아저씨가 받았다.

아저씨는 "청년 두 명이 전화를 빌려 쓸 수 있냐고 하더라고. 그러곤 전화가 다시 오면 석곡으로 갔다고 전해달래"라고 일러주셨다.

'석곡'이라는 마을만 가면 어떻게 해서든 길명 친구들을 만날 수 있다는 확신이 있었기에 마음이 놓였다. 한눈에 봐도 눈에 띄는 행색의 두 명이 마을 이곳저곳을 걸어 다니고 있을 테지. 길을 가다가 만나는 마을 사람에게 물어보면 분명 재회할 수 있을 거다.

낯선 시골 터미널, 낮은 담장 너머 보이는 뽀로로 그림을 그려놓은 버스들 사이에서 석곡으로 가는 버스를 골라 탔다. 회색 멋쟁이 모자를 쓰신 할아버지를 빼고는 남자 승객은 나 혼자였다.

알록달록 멋을 부린 할머니의 몸빼 바지에 시선을 빼앗길 때쯤 오른쪽 창문으로 언덕 너머 저 멀리 푸른 산자락이 쫙 펼쳐졌다. 가까이서 보면 푸른 나무들이지만 멀어지면 저렇게 멋있는 산자락으로 보이는 건가 싶어 감탄사가 절로 나왔다. 걷고 있을 친구들 생각에 창문 옆 갓길 한 번 산자락 한 번 번갈아 가며 쳐다보았다.

곡성역 버스터미널에서 버스를 갈아타고 석곡으로 가는 길은 20km가 넘는 거리였다. 버스 안에서 혹시나 걷는 친구들이 눈에 띌까 싶어 창문 밖을 두리번거렸다. 하지만 친구들의 모습은 보이지 않았다. 좋아하는 친구들을 잃어버리는 건 아닐까, 마음이 조급해졌다.

그런데 귀신이 곡할 노릇인 게 석곡 터미널에서 내렸는데, 민지와 초이가 마중 나와 있었다.

반가움에 버스에서 내리자마자 둘을 꼬옥 안고는 덩실덩실 춤을 추었다.

"최소 다섯 시간은 걸어야 하는 거리인데, 연락도 안 되면서 어떻게 먼저 도착했어?"

말도 안 되는 상황이라 이해가 안 돼서 물었더니, 신나는 경험을 했다면서 초이가 저간의 사정을 들려줬다.

"평소처럼 2차선 갓길로 걸으면서 풀도 보고 얘기도 나누며 걷고 있는데, 갑자기 차 한 대가 달리다 말고 멈추더니 후진을 쫙 하는 거야. 그러곤 우리 옆에 서더니 타라고 했어. 걸어갈 테니 괜찮다고 했는데도 안 된다고, 타야 한다고 우기는 거야. 그사이 뒤로 차들이 대여섯 대나 멈춰서 기다리고 있었고, 그분 고집이 보통이 아니어서 타지 않으면 절대 안 갈 것 같더라고. 그래서 '졌다' 생각하고 차에 탔지."

"아, 그래서 버스 창밖으로 아무리 찾아도 안 보였던 거구나."

"응. 민지랑 나랑 둘이 도착한 곳은 어느 교회였어. 태워주신 분이 교회 사모님이시더라고. 도로를 걷는 청년들을 그냥 내버려둘 수 없어서 우릴 태워 집에 초대해주신 거야. 거기서 두 시간 동안 이야기를 나누면서 시원한 음료수도 마시고 에어컨 바람도 쐤지. 잘 곳 없으면 언제든지 와서 자도 된다고 하셨어."

나는 이들의 걷는 마음을 꺾을 작은 이유도 없기에, 이들을 따라잡기 위해 아침부터 서울에서 석곡까지 먼 거리를 애써 달려왔다. 그런데 그 사모님은 어떤 강한 마음이 있었기에 계속 걷고자 하는 사람을 멈춰 세워 차를 태워주고 대접까지 해주신 걸까? 그분의 마음이 궁금할 뿐이다.

정자가 2성급 호텔로 느껴지는 날

처음 탁발을 해본 민지

석곡면 읍내에서 친구들을 만나 즐거운 것도 잠시, 아침 일찍 급하게 나오느라 밥을 챙겨 먹지 못해 배가 무척 고팠다.

읍내라서 식당도 많았던 터라, 핸드폰도 집으로 돌려보낼 만큼 각오를 다진 민지는 "이번엔 내가 탁발을 해볼게!"라며 빈 그릇을 들고 처음으로 당당하게 눈앞의 식당으로 들어갔다. 초이도 옆 식당에 들어가 밥과 김치를 얻어서 나왔다. 그런데 나는 몇 군데 식당에서 다 거절당하고 말았다.

10분이 지났는데도 민지가 처음 들어간 식당에서 나오지 않았다. 그 뒤로 5분 넘게 더 기다렸을 즈음 민지가 두 손 가득 밥과 김치와 고기까지 한가득 받아 왔다.

민지가 들려준 이야기는 이러했다.

일단 식당에 들어가서 "밥 좀 주실 수 있어요"라고 공손히 청했다.

주인아주머니는 선뜻 밥을 챙겨주시더니 "같이 먹을 반찬은 있고?"라고 물어보셨다.

민지가 대답을 못 하고 우물쭈물하니 "반찬도 없구먼. 몇 명이서 먹을 건데?"라고 또 물어보셨다.

그러고는 바로 고기를 구워서 한가득 챙겨주셨다는 것이다.

서울에서는 필요할 때 가끔씩만 탁발을 했는데, 경기도를 벗어나면서부터는 거의 매일 탁발을 하며 걸어서 내려가고 있다. 남쪽으로 내려갈수록 먹을 것을 더 잘 챙겨준다는 생각이 든다. 따뜻한 남쪽으로 갈수록 마음도 따뜻해지는 건가⋯.

1997년에 생산된 식용유를 줍다

 늦은 점심을 먹고 난 후 석곡마을에서 하루 머물고 갈 생각으로 잠자리에 쓸 옷가지와 박스를 주우러 동네를 돌아다녔다. 해가 금세 지고 있었다. 오후 늦게부터 비가 조금씩 내려서 아무 곳에서나 잘 수는 없어 지붕이 있는 정자를 찾았다. 마을회관 옆에 정자가 보여서 가까이 갔는데 지붕에서 비가 새기에 실망하고 있을 때, 초이가 확신에 찬 목소리로 말했다.

 "옛날부터 경치가 좋은 곳이나 물가 근처에는 정자를 만들었어. 그런 곳을 찾으면 될 거 같아. 저 멀리 집들 뒤쪽에 하천이 있더라고. 저쪽에서 찾아보자."

 동네방네 돌아다니느라 지쳤지만, 초이가 말한 하천을 따라 올라가다 보니 정말로 경치가 좋은 곳에 정자가 있었다. 무려 새시까지 달려 있어서 비바람에 모기까지 피할 수 있는 엄청난 정자였다. 보통 노숙을 하려면 매트리스를 대신할 종이 박스와 이불을 대신할 옷가지들, 그리고 모기를 피하기 위한 양파망까지 많은 것이 필요하다. 하지만 새시가 달린 정자는 박스만 몇 개 있으면 되는, 노숙에서는 2성급 호텔이나 마찬가지다.

 비 오는 날 이런 정자를 만나다니, 행운이라고 생각하

며 자리를 잡았다. 그때 정자 맞은편 집에 사는 할머니가 나오시더니 정자 입구에 걸터앉아 말을 걸었다.

"뭐 하는 사람들이야?"

"안녕하세요. 저희는 여행하는 사람들이에요. 비가 와서 비를 피하러 왔어요."

"행색을 보니 간첩 아니야?"

"아, 저희가 무전여행을 하고 있어서 옷이 좀 지저분하고 못 씻어서 그래요. 다들 서울에서 왔어요. 주민등록증 보여드릴까요?"

"아이, 그건 됐고. 그런데 밥은 먹었어?"

"밥은 근처 식당에서 얻어먹고 왔어요. 걱정해주셔서 감사합니다."

"그런데 여기 시골 마을에는 왜 온 거야?"

처음 보는 외지인들이기에 다소 경계하면서도 비가 오는 날 밖에서 자는 게 안쓰러웠는지 몇 번이나 정자 안으로 다시 들어오셨다. 그때마다 뭐 필요한 게 없냐고 물어보시기도 하고, 자신의 인생 이야기도 들려주셨다.

비에 젖은 옷을 말리려고 나뭇가지를 주우러 다니다가, 무려 1997년도에 생산된 식용유가 버려져 있는 걸 발견했다. 젖은 나무들에 그 식용유를 부어가며 불을 피웠다. 도란도란 이야기도 나누고 악기를 치며 노래를 부르는 사이 빗방울이 점점 굵어졌다. 우린 자정 전에 정자에 들어가서 잠을 청했다.

    새시가 달린 시골 정자에 누우니, 시골 삼촌 집에 놀러 와 큰방에 드러누운 기분이 들었다.

전라남도 인심과
내 마음의 풍족함

넉넉한 인심과 무명의 첫 탁발

비가 오면 좋다.

예전엔 해가 쨍한 맑은 날을 좋아했는데, 걷다 보니 비 오는 날이 좋아졌다. 따뜻한 햇빛은 좋지만 뜨거운 햇빛은 피하느라 바쁘다. 그래서인지 시원한 공기를 느끼며 여유롭게 풍경을 보며 걷는, 비 오는 날이 좋다.

우리는 우산을 쓰거나 우비를 입고 길을 걷고 있었다. 여름철이라 시골길에 먹거리가 많이 보였다. 과수원 옆을 지나다 보면 과일들이 나무에 매달려 맛있게 익어가고 있는데, 가끔 나무에서 떨어져 도로로 굴러온 과일들이 있다. 낙과를 주워 상한 부위를 도려내고 한입 베어 물면, 더위에 지친 몸엔 가뭄의 단비가 된다. 만난 적도 없는 농부님께 과일을 키워주신 것에 감사하는 마음이 든다.

석곡에서 주암마을로 가는 길에 무명이 다시 길명 캠프에 합류했다. 초이, 민지, 무명, 나, 네 명이 비 오는 길을 세 시간 넘게 걸어서 주암 읍내에 들어섰다. 마을 가운데를 지날 때쯤 장판을 깔아놓은 평상이 보여서 들고 있는 짐을 내려놓고 잠시 땀을 식혔다. 배에서는 벌써 꼬르륵 소리가 났다.

민지가 어제 탁발로 구운 고기까지 받아온 것에 자신감이 붙었는지 "오늘도 내가 탁발을 갈게!" 하고 자원하더니 바로 식당으로 향했다.

"뒤쪽에 수풀이 우거져 있으니 풀을 좀 뜯어 올게."

초이는 늘 그렇듯 풀을 뜯으러 갔고, 민지의 첫 탁발 이야기를 전해 들은 무명도 기운차게 탁발을 하러 나섰다.

"그럼 나는 중국집을 한번 가봐야겠다."

10분쯤 지났을까, 무명이 무언가를 잔뜩 받아 왔다.

"애들아, 이것 봐. 짜장에 미역국에 반찬도 종류별로 챙겨주셨어.”

"와, 많이도 주셨네. 너무 감사하다.”

"근데 식당에 들어갔더니 주인아주머니가 얼굴 한 번 안 쳐다보고 '몇 명이야?' 물으시더니 주방에 들어가서 봉지에 이것저것 담으시더라고. 그러곤 '가져가' 하고 음식을 주셨어.”

"진짜? 엄청 쿨하시네! 이 동네에 거지가 많아서 익숙하신가? 아닌 거 같은데….”

짜장에 미역국에 반찬도 잔뜩 받아온 데다 초이가 뜯어 온 풀 샐러드까지 함께 하니 푸짐한 한상차림이 됐다. 밥과 김치만 주셔도 너무 감사한데, 챙겨주신 음식의 양이 남달랐다. 배고픔에 허겁지겁 먹고 있자니 옆의 평상에서 이야기를 나누던 아주머니들이 이것도 먹으라며 수박을 한 접시 잘라주셨다.

오랜만에 기름기 있는 걸 먹었더니 갑자기 배가 신호를 보냈다. 간이 화장실이 보이기에, 반가워서 들어갔더니 당연히 휴지가 없었다. '생태 화장실도 익숙하고, 신문지도 종종 쓰는데, 이게 뭐 문제가 되겠어'라는 생각으로 아무 풀이나 뜯어서 볼일을 보고는 밑을 닦았다. '으~ 아~ 따가워', 분명 여린 풀이었는데 뒤집어보니 뒷면이 까끌까끌했다.

초이에게 물어보니 볼일을 보고 난 후에 쓰기 좋은 풀이 있단다. 하루 종일 엉덩이에서 불이 났다. 이후로는 풀의 뒷면을 살펴보는 습관이 생겼다.

한숨 쉬고 다시 길을 나서는데, 비가 그치고 해가 나더니 엄청 습하고 더워졌다. 땀을 뻘뻘 흘리며 길을 걷는데, 마침내 물을 얻어 마실 수 있을 것 같은 마을이 나타났다.

우선 정자에 앉아서 땀을 식혔다. 그때 마을회관에 모여 담소를 나누던 아주머니들이 우릴 보시고는 "방금 쪄서 맛있어" 하며 감자를 한 바구니 주셨다.

여행하는 우리의 모습이 평범하지 않기에 종종 오해하는 분들이 많아서 미리 "저희 간첩 아니에요"라고 말했다. 그랬더니 아주머니 한 분이 "간첩이라도 친절히 대해주면 다 좋은 사람이여~"라고 응수하셨다.

땀도 식히고 물도 마시고 배도 채우고 잘 쉬었던 접치마을을 뒤로하고 해가 지기 전까지 다시 열심히 걸었다.

정자에서 쉬며 신발도 얻고

저녁쯤에는 승주 읍내에 도착했다. 그리고 파출소 뒤에서 새시가 달린 오래된 정자를 발견했다.

한동안 사용하지 않아 먼지가 많이 쌓여 있었고 새시도

두 군데 부서져 있었지만, 비 오는 날씨에 이만한 노숙 장소를 찾기는 쉽지 않다. 정자 한 켠에 있는 빗자루를 가져와 청소하고, 새시가 없는 부분은 비닐로 막고, 박스도 구해서 하루 쉴 만한 좋은 숙소로 꾸몄다.

이렇게 저렇게 보수를 하다 보니 어느덧 저녁 시간이 지났기에 근처 식당으로 탁발을 나섰다.

마침 근처에 아귀찜 식당이 있었다. 용기를 내 들어갔다.

"무전여행 중인데요, 음식을 좀 얻을 수 있을까요?"

"아~ 늦은 시간이라 먹을 게 없는데…."

주인아주머니는 말씀과 다르게 냉장고 구석구석을 뒤져서 밥이며 반찬이며 챙겨주셨다.

"정말 감사합니다~"

몇 번이나 인사를 하고 나왔다. 먹을 게 없다는 말과 달리 엄청나게 챙겨주시던 아주머니의 모습이 머릿속에 계속 남았다.

쉼 없이 비가 내리는 가운데 운동화를 신고 걸으니 발에서 심한 냄새가 나고 발 상태도 안 좋아졌다. 어떻게든 돈을 쓰지 않고 대처해보려고 맨발로도 걸어보고 신발도 다른 걸 주워보기도 했다. 하지만 발바닥이 아직 약해서 맨발로는 오래 걸을 수 없었고, 주운 신발은 사이즈가 맞지 않았다.

고민하는 내 모습을 보던 초이가 "나는 짚신을 신으면 되고, 짚신은 망가지면 다시 만들면 돼. 이 슬리퍼 신어"라며 신고 있던 슬리퍼를 내게 주었다. 비에 젖은 운동화를 벗고 슬리퍼를 신으니, 발걸음도 가벼워져 어디든 갈 수 있을 것 같았다.

그렇게 비를 맞으며 주암마을로 가는 길에 복숭아나무를 만났다. 복숭아가 빗방울에 떨어져 갓길까지 굴러와 내 발을 두드렸다. 복숭아를 주워 주머니에 하나씩 넣었다. 집도 먹을 것도 아무것도 없이 걷는데도 비 오는 시골길은 풍족했다. 길이 나에게 선물해준 복숭아로 인해 마음이 채워진 게 분명하다.

도시에서는 그토록 돈을 벌어도 잠깐만 기쁠 뿐 풍족하다고 느낀 적이 없었다. 그런데 아무것도 없이 떠돌이 여행자로 길을 걷는 중에는 과일 하나, 시원한 비 한 방울, 시골길에 만난 분들의 친근한 말 한마디, 친구의 진심 어린 배려가 내 마음을 푸근히 채워준다.

지속 가능한 삶을 살려면 어떻게 해야 할까?

지글지글 끓는 도로에서 오아시스를 만나다

사흘간 한적한 시골 도로를 걸었는데, 어느새 6차선 도로로 바뀌면서 회색빛의 거대한 육교와 함께 영화 〈매드 맥스〉에나 나올 법한 황량한 도시의 입구가 나타났다.

도로 양옆으로 모양이 제각각인 가구 공장들이 늘어서 있고, 파란 하늘 밑으로 끝없는 도로와 회색 건물만 보였다. 그리고 뚜렷하지는 않지만 저 멀리 집 한 채도 보였다.

새벽부터 걷다가 해가 나타나자 비로 꿉꿉했던 옷가지

는 보송보송해졌고, 공기는 상쾌해서 몸이 가벼웠다. 하지만 오전 10시가 되기도 전에 더위로 땀이 비 오듯 흘러내리고 발걸음은 다시 무거워졌다.

순천 끝자락에 도착해 수많은 가구점을 구경하며 걷는데, 노란색 배경의 빨간 글씨를 보고 심장이 두근거렸다. 편.의.점.

시원한 음료수 생각에 터벅터벅 걷던 발걸음이 빨라졌다. 옆에서 나란히 걷던 무명도 편의점을 보더니 "난 아아를 먹어야겠어!"라고 선포했다.

'오랜만에 듣는 아.주. 좋.은. 생각이야!' 속으로 말했다.

"나도 사줘."

"그래, 지산도 사줄게~ 먹고 싶은 거 골라."

무명의 말이 너무나 감미롭게 들렸다.

편의점 안에 들어서니 에어컨 바람이 시원하다 못해 온몸 구석구석을 얼음 타월로 문질러주는 듯했다. 편의점의 파라솔 의자에 앉아 땀을 식히며 아이스 아메리카노를 마시고 있자니, 걸어야 할 길 위로 아지랑이가 피어오르고 있어도 이 순간만큼은 세상이 아름답게 보였다.

평소 같으면 진즉에 정자에서 쉬고 햇빛이 누그러진 오후 늦게야 다시 걸었을 것이다. 하지만 오늘은 순천의 '넥스트젠' 친구들에게 초대를 받아 가는 중이어서 해가 지기 전에 도착하기 위해 길을 서두르고 있다. 넥스트젠은 지속 가능한 사회와 삶을 지향하는 친구들이 모여 이런저런 실험을 해보는 공동체다.

'도시에 들어왔으니 금방 도착하겠지'라고 생각하며 걸었는데, 차들이 내뿜는 매연과 열기 그리고 빌딩 숲의 무거운 기운 때문에 시내를 20km 정도 걸었을 뿐인데도 기분은 며칠 동안 걸은 것 같았다.

점심도 거른 채 오후 내내 걸어 넥스트젠의 리더 보파가 운영하는 '모아전산'이라는 카페 겸 소품 숍에 도착했다.

잔디가 깔린 셰어하우스 '있ㅅ집'

시원한 음료수로 더위를 식히고 있으니, 보파가 어디서 얻어 왔는지 잡지를 내밀었다.

"앉아 있는 동안 할 거 없으면 나 좀 도와줄래? 자, 봐봐. 이렇게 하는 거야."

잡지를 한 장씩 뜯어 보파의 설명에 따라 종이접기를 하자 어느새 선물용 종이봉투가 완성됐다.

간식을 다 먹었을 때쯤 새로운 친구가 찾아왔다.

"안녕, 길명 친구들."

"안녕, 뭐라고 부르면 돼?"

"나는 새봄이라고 해. 이제 길을 안내할게. 이쪽엔 성당이 있고 저곳은 옥천이 흐르는데, 옥리단길이라 부르고 집은 이쪽에 있어."

그렇게 새봄은 10분가량 여기저기 안내하다가 골목길로 들어섰다. 한참을 더 들어가더니 꽃과 나무가 담장이고 대문은 없는, 고급 전원주택 같은 곳에 멈춰 섰다.

"와~ 집 예쁘다. 무슨, 마당에 잔디가 깔려 있네."

"넥스트젠 친구들과 같이 사는 셰어하우스야. 집 이름은 '있ㅅ집'. 길명 친구들이 온다고 해서 친구 한 명이 방을 내줬어. 이 방이랑 저 방을 쓰면 돼. 저쪽 방은 다른 친구가 지내고 있고."

"아무리 셰어하우스라고 해도 많이 비쌀 거 같은데?"

"아냐, 청년시범사업에 선정돼서 저렴한 월세로 지내고 있어."

"진짜? 나도 이런 곳에서 살고 싶다~"

"지금은 모집이 끝나서 내년에 다시 하지 않을까 싶네. 걸어오느라 땀을 많이 흘렸을 테니 우선 씻어. 근데 갈아입을 옷은 있어?"

"아니, 비에 옷이 다 젖어서 다들 갈아입을 옷이 없네."

"친구들이 버리겠다는 옷을 다 달라고 해서 모아놨거든. 엄청 많아. 마음에 드는 걸로 골라 입어."

"진짜? 우와, 새봄 고마워~ 옷들이 너무 예쁜데?"

넥스트젠 친구답게 옷도 선순환하고 있기에 가능한 일이었다. 길명 친구 모두 쇼핑이라도 하러 온 것처럼 마음에 드는 옷을 한참 고르고 입어보며 패션쇼를 했다. 고른 옷을 입고는 너무 맘에 들어서 기념 촬영까지 했다.

식사부터 일상까지, 지속 가능한 삶을 위해

다음 날 아침. 새봄이 와플 기계에 통밀빵을 굽고, 지리산 근방에 사는 친구들이 직접 만들어 보내주었다는 아몬드 버터와 보리수잼, 사과계피잼, 딸기잼을 발라 먹었다.

식사 후에는 잔디가 깔린 앞마당에서 다른 넥스트젠 친구와 요가를 하며 지친 몸을 다독였다. 잠시 쉬고 있으니 새봄이 와서 길명 친구들에게 모험할 겸 일을 하러 가자고 권했다.

"소리쟁이 캐러 갈 건데 같이 갈래?"

"소리쟁이가 뭐야?"

"샴푸 만드는 데 들어가는 재료야. 자연에서 얻을 수 있는 걸로 샴푸를 만드는 거야."

"그래? 신기하네. 직접 샴푸를 만들 수도 있다니…."

"오늘 샴푸를 만들 건 아니고, 우선 소리쟁이를 캘 거야. 만드는 건 며칠 후에 친구들과 같이 할 예정이야."

소리쟁이는 피부에 진정, 해독, 항염 작용을 한다고 했다. 계면활성제 역할을 하는, 자연에서 얻는 다른 재료도 섞어서 천연 샴푸를 만들 거란다. 만들어진 소리쟁이 샴푸는 종종 열리는 플리마켓에서 판매한다.

근처 옥천에서 풀이 무성한 길을 20분가량 거슬러 올라갔다. 이윽고 개울이 흐르는 물가에서 소리쟁이를 한가득 캤다.

10분만 더 언덕을 올라가면 넥스트젠이 유기농으로 키우고 있는 텃밭이 있다고 해서 구경하러 갔다. 주택가 사이의 언덕으로 올라가자 하늘이 훤히 보이는 평지에 50평 넘게 각종 작물들이 허리 높이만큼 무럭무럭 자라고 있었다. 텃밭의 작물들은 마을 친구들이나 주민 분들과 나눔을 하고 나눔을 받는다고 했다.

저녁에 먹을 채소를 따면서 넥스트젠 친구들이 인간의 삶과 자연이 공존할 수 있는 지속 가능한 삶을 위해 어떻게 지내는지 살짝 엿볼 수 있었다.

계획이 부질없을 때는
주역을 던지고 마음을 살핀다

걸으면서 만난 주역

반짝반짝 빛나는 백 원짜리 동전 세 개, 하늘 위로 높게 오르더니 이내 떨어져서 바닥에 제멋대로 누워버린다. 먼저 떨어진 동전은 이순신 장군의 얼굴이니 앞면, 그다음 동전도 앞면, 그리고 마지막 동전은 100이라는 숫자가 보이는 뒷면. 이를 음과 양으로 보고, 여섯 번을 반복하니 어느새 주역 괘가 완성됐다.

한 달 반 가까이 길벗 친구들이 아무 걱정 없이 편안한 마음으로만 걸었던 것은 아니다. 마음 한편에 해결되지 않은 문제를 가지고 있었지만, 길 위에서 여러 시도를 하다가 그 방법을 찾아냈다.

타마는 크고 작은 문제와 맞닥뜨릴 때마다 주역을 던졌고, 길명 친구들도 길을 걷다가 어떤 결정을 해야 하거나 나아갈 방향을 잡아야 할 때 어느새 다 같이 모여 주역을 던져 실마리를 얻었다. 노숙과 탁발에 의지해서 걷는 여행을 하다 보면 애초의 계획이 단 몇 분만에 의미가 없어질 때가 많았다. 선택의 갈림길에서 길명 친구들은 주역 괘를 던져서 가야 할 길을 좀 더 쉽게 찾고는 했다.

길명 친구들을 통해 주역을 알게 되면서 점괘를 보는 것에 대한 거부감이 사라지고 조금씩 호기심이 생겼다. 그런데 갑자기 무명이 주역 수업을 들으러 갔다 오겠다고 했다. 열흘 전 곡성에서 초대를 받았을 때 무명은 빛살 선생님과 이야기를 나누다 '무명(이름 없음)'이라는 이름을 지었다. 이제는 이름 없이 자유로운 삶을 살아가라는 의미를 담았다고 했다.

"무명, 주역 수업을 들으러 다녀온다고?"

"응, 주말에 이틀 정도 곡성에 다녀올게. 순천역에서 기차를 타면 가깝더라고."

"그래? 나도 혹시 참여할 수 있을까?"

"이미 마감된 걸로 아는데…. 그래도 한번 전화해서 물어보면 어떨까?"

잠시 내면에 집중했다. 가고 싶다는 마음의 소리에 나는 용기를 냈다. 무명에게 받은 번호로 전화를 했다.

"인원이 마감된 건 알지만 참여할 수 있을까요?"

"그럼요, 오세요!"

흔쾌히 허락해주는 목소리에 더욱 힘을 얻어 무명과 함께 난생처음 주역 수업을 들으러 가게 됐다.

곡성의 주역 수업

곡성 읍내 아파트 단지 내 1층 첫 번째 왼쪽 집. 이름하여 '이화서원'이다. 아파트에 있는 서원이라니, 숲 속에나 있을 법한 이름이지만 어찌 됐든 입구로 들어섰다. 거실에서 보면 오른쪽 벽이 전부 책으로 가득 채워져 있고, 세 개의 방 중에서 작은 방 또한 책장 가득 책으로 채워져 있었다. 정말 옛 서원처럼 '책을 읽으며 공부하는 곳'이라는 느낌이 든다.

주역 수업 첫째 날은 오전 10시에 이화서원 안방에서 시작됐다. 열세 명이나 모이니 자리가 꽉 찼다. 정원 초과

학생인 나는 베란다에 걸터앉아 안방 창문을 열고는 몰래 수업을 엿듣듯 주역에 대한 기본 설명을 들었다.

"노트에 일기를 적듯이 질문을 자세하게 적어보고, 마지막 줄에 '하늘의 지혜를 구합니다'라고 적으세요. 동전의 앞뒤 면같이 음과 양으로 상징되는 물건 세 개를 여섯 번 던집니다. 노트에 음과 양의 결과를 적고는 64개의 괘 중에서 일치하는 괘를 찾으세요. 주역 괘가 말하는 내용을 읽으면서 내 마음에서 올라오는 소리에 집중합니다."

수업은 이화서원에서만 하지 않았다. 곡성천을 걸으면서, 근처 충의공원 정자에서, 그리고 읍내 한정식 집에서 식사 후에, 죽곡 농민도서관에서 커피를 마시며, 장소와 시간에 구애받지 않고 곡성을 여행하듯 진행됐다.

밤에는 차로 30분 거리에 있는, 전기도 수돗물도 없이 10년 동안 지냈다는 빛살 선생님의 산속 집으로 자리를 옮겼다. 집 바로 옆으로 작은 계곡이 흐르고, 집 한쪽 구석에 전기 없이 난방을 했던 흔적이 남아 있을 뿐 지금은 전기도 들어오고 수돗물도 나왔다. 집 구경을 하고 야식도 먹고 돌아가며 장기 자랑도 했다.

곡성 이화서원에서 이틀간 『시로 읽는 주역』이라는 책으로 주역 수업을 들었다. 주역 공부는 무의식 깊숙이 있어서 알 수 없는 생각을 인식할 수 있는 수준으로 끌어올리는 과정이라고 느꼈다. '어떻게, 어떻게 해라. 그러면 어떻게 될 것이다'가 아니라 '지금 내 무의식은 이렇게 바라보고 있고 이렇게 가기를 원한다'라는 마음을 바라본다. 그 후에 일어나는 마음의 작은 변화를 살펴보는 것이 색다르고 재미있게 다가왔다.

여담이지만 내가 쓰고 있는 지산이라는 이름도 길멍 친구들과 길을 걸으며 주역 괘를 던져서 나온 이름이다. 다들 멋진 이름으로 불리는데 나만 없는 게 아쉬워서 주역 괘를 던지는 친구에게 부탁해 받은 64괘 중에서 15번째 괘인 '지산겸(地山謙)'.

산은 원래 땅 위에 우뚝 솟아서 자기를 드러내기 마련이다. 그런데 땅을 떠받들고 있는 겸손한 산이라니…. 해설을 듣고는 너무 마음에 들어서 바로 내 이름으로 선택했고, '겸손하게 땅을 받드는 산'은 나의 정체성이 됐다.

지금은 현실 속에서 무의식과 생각과 행동을 조화롭게 버무려, 조금이나마 삶의 문제를 편안하게 만들기 위해 내 삶에 주역을 사용하고 있다.

여행자의 집에서 웃고 먹고 쉬고

마음을 따뜻하게 해준 '여행자의 집'

파란 대문을 열고 들어가니 작은 앞마당이 반겨준다. 오른쪽으로는 돌담을 따라서 조그만 텃밭이 있고, 그 뒤로 옥상으로 올라가는 계단이 있다. 계단을 올라가면 순천 시내와 파란 하늘이 시원하게 보이고, 시선을 방해하는 구조물이 없어서 무엇이든 상상할 수 있기에 즐거워진다.

대문 입구로 다시 돌아와 집의 현관문을 열고 들어서면 넓은 거실이 두 팔 벌려 환영하고, 오른쪽에는 통 새시 창문이 있다. 밤에 누워 창밖으로 하늘을 보면 별 구경을 하면서 잠들 수 있기에 창문 옆자리를 애정하게 됐다.

시골의 자연과 도시의 편리함이 함께 있는 순천에는 청년 친구들이 삶의 모습을 실험하고 그렇게 살 수 있도록 도움을 주는 장소가 곳곳에 있었다. 그중 여행자의 집이라는 의미를 담고 있는 공간 '너머'는 길명 친구들같이 '여행자들이 며칠간 잘 쉬어 갈 수 있으면 좋겠다'라는 마음으로 만들어진 장소였다.

작은 마당을 지나 현관에 들어선 길명 친구들은 넓고 좋은 집에 얼굴이 밝아졌다. 마침 벽에 기대 앉아 기타를 치고 있던 나무라는 친구가 반겨주었다.

"안녕, 혹시 길명 친구들이야?"

"응, 길명 캠프 맞아. 여긴 민지, 무명, 초이, 수산, 나는 지산."

"나는 나무라고 해. 사흘 전부터 와서 지내고 있어."

"온 지 얼마 안 됐구나. 나무는 이 좋은 곳을 어떻게 알았어?"

"친구에게 들어서 알았지. 전국을 떠돌면서 대가 없이 지낼 수 있는 곳들을 찾아다니며 지도를 만들고 있어. 이거 봐봐."

"와, 이렇게 많다고? 근데 지도를 보니까 나무가 길명 캠프보다 더 많이 여행을 다닌 거 같네?"

"들어서 적은 것도 있고, 아직 만들고 있는 중이야. 더 여행을 다녀야지."

나무에게 '너머'에서의 주의 사항과 어떻게 지내면 되는지에 대한 설명을 들으며 식사를 했다. 그리고 안내도 받을 겸 주변을 산책하기로 했다.

작은 하천을 가로지르는 징검다리가 보이고, 그 옆으로 하얀 몸을 자랑하는 왜가리가 사람이 다가가도 달아날 생각도 없이 물고기를 기다리는지 가만히 서 있었다. 산책로에 들어서면 노란 황금사철나무와 푸른 가로수, 그리고 진분홍의 동자꽃이 옆에서 같이 걸어주고, 밤이 되면 노란 전구들이 빛을 비추어 하천에 별의 길을 만들어준다.

옥천의 길을 예쁘게 꾸며서 '옥리단길'이라고 부른다고 했다. 해가 지고 선선해진 옥리단길은 잘 닦인 길과 조명 그리고 하천이 조화를 이루어서 한적한 개울 길을 걷는 듯한 느낌을 주었다. 밤에는 고양이들의 놀이터가 되고, 낮에는 다람쥐나 왜가리 같은 동물을 볼 수 있을 정도로 자연환경이 잘 보존돼 있었다.

저녁 산책길에 아기 고양이들을 만나 너무 귀여워서 한

참 구경하다 들어와서는 수다를 떨다가 곤히 잠이 들었다.

나만의 진짜 매력을 노래로 부르다

나 예쁘니?

어디가?

진짜?

그럼 나랑 사귈래?"

다음 날 오전에 뒹굴뒹굴 쉬고 있는데, 기타를 치며 놀던 나무의 노래를 듣고 가사가 너무 재미있어서 무슨 노래인지 물었다.

"가사가 정말 그 가사가 맞아? 나무가 멋대로 지어서 부르는 거 아냐?"

"아냐! 내가 기타 실력이 좀 부족하긴 해도 제대로 부르고 있어. 이거 앨범으로 발매된 노래야."

"그래? 가수랑 제목이 뭔데?"

"이랑의 〈잘 알지도 못하면서〉."

귀에 박히는 가사에 민지와 초이도 빠져들어 기타 코드를 배우고는 노래를 따라 부르기 시작했다. 사이다 같은 고백 공격 가사에 빠져서는 어느새 자기 상황에 맞게 개사해 부르기 시작했다.

민지는 여행하느라 덥수룩하게 자란 '수염'을.
"내 수염~ 관심 있니? 진짜? 그럼 나랑 사귈래?"

초이는 산길과 흙길을 걸으며 익숙해진 '맨발'을.
"내 맨발~ 관심 있니? 진짜? 그럼 나랑 걸을래?"

비 오는 날 맨발로 걸어서 때가 낀 발톱을 가리려고 봉숭아물 들인 나는 '발톱'을.
"내 봉숭아물 발톱~ 관심 있니? 진짜? 그럼 너도 물들일래?"

각자만의 매력(?)을 뽐내며 여수에 도착하기까지 틈만 나면 이 노래를 부르면서 자신의 매력을 이해해줄 사람에게 미리 구애하며 걸었다.

주운 복숭아를
씻다 만난 인연

순천 돌배의 초대

졸졸 흐르는 옥천을 따라 걷다가 물줄기가 합쳐지는 곳, 배를 띄워도 될 만한 물길을 사람들은 동천이라 불렀다. 폭이 50m는 넘어 보이는 동천 건너편에는 멀리서 보아도 하루 종일 폭포를 뿜어내느라 바쁜 호랑이 동상이 있다. 사람 키의 대여섯 배는 훌쩍 넘는 호랑이 동상에 홀려 걸으랴 사진 찍으랴 정신이 없었다. 한적한 산책로에 들어서니 강바람과 꽃향기가 그제야 내 볼과 코를 두드렸다.

순천에서 남쪽으로 흐르는 동천을 따라 반나절을 걸었다. 잘 꾸며놓은 순천만과 호수공원을 지나고 나서야 인적도 줄어들고 도시를 벗어난 느낌이 들었다.

낮 시간에는 햇빛이 강해 걷는 걸 피했지만, 순천 끝자락에 있는 돌배네 집에 점심 식사 초대를 받았기에 더위를 뚫고 기쁜 마음으로 걸었다. 돌배는 주역 수업을 들으러 곡성에 갔을 때 만난 자칭 '잡놈'으로 잡스러운 여러 가지 재능이 있는 친구였다. 중앙선도 없이 양옆에 논들이 둘러싼 시골길에서 돌배가 불러준 주소를 찾아 한 시간 넘게 골목 여기저기를 헤맸다.

돌배네 집에는 넓은 잔디 마당이 있었다. 돌배는 마당의 테이블 위에 소라와 바지락으로 요리한 음식들을 푸짐하게 내주었고, 걷느라 땀을 많이 흘린 길명 친구들에게 꿀 같은 맥주까지 챙겨주었다.

나무 그늘에 누워 바람이 불러주는 자장가를 들으며 낮잠을 잤다. 돌배는 마당 끝에 표적지를 빈백에 붙여놓고 30m쯤 거리를 벌리고는 국궁 시범을 보여주었고, 수산은 활쏘기가 재밌어 보인다며 2~3통의 화살을 쏘며 시간을 보냈다.

"잠은 여기서 못 자고, 부모님 별장에서 자야 해."

그래서 순천만 끝자락에 있는 별장을 향해 다시 길을 나섰다.

멋지게 늙기 위해 멋지게 젊음을 보낸다

한낮 더위에 지치지 않게 모자나 우산, 스카프로 머리를 덮고 도로의 갓길을 따라 걷고 있는데, 과수원 근처에서 바닥에 떨어진 복숭아를 주웠다. 지저분한 복숭아를 씻기 위해 수돗가를 찾다가 마침 길가에서 발견했다. 아마도 이 수도의 주인일 듯한 집이 보여서 허락을 받기 위해 그 집에 들렀다. 집에는 부부 두 분이 계셨다.

"계세요? 복숭아를 씻게 물을 좀 써도 될까요?"

"누구세요?"

"걸으면서 여행하는 사람들인데요, 앞쪽 수돗가에서 복숭아를 좀 씻어도 될까요?"

"이 날씨에 걸어서 여행한다고요? 그럼 와서 수박 좀 먹어요~"

그렇게 수박을 함께 먹으며 이야기를 나누다 보니, 오늘 떠나온 순천의 넥스트젠을 알고 있는 분들이었다.

마침 이 집의 주차장에는 트럭을 멋지게 개조한 캠핑카가 한 대 보였다. 여쭤보니 놀랍게도 영원이 예전에 탔던 그 트럭이었다. 몇 년 만에 순천에서 다시 만난 것이다. 세상이 참 좁게 느껴졌다. 그렇게 여행하는 사람들이 보이지 않는 끈으로 연결돼 서로 만나게 되는 것 같았다.

"캠핑카 너무 멋있어요. 구경 좀 해도 되나요?"

"그럼, 가서 봐. 문 열려 있어."

"와, 다 나무로 되어 있네요. 내부가 너무 아기자기하고 멋있어요."

"다른 캠핑카가 있었는데, 몇 년 전 물난리가 났을 때 침수됐어. 이번에는 2천만 원 들여서 새로 다 만들었지."

"아이고, 고생하셨네요. 이 캠핑카로 전국을 일주하시게요?"

"유라시아 일주하려고 준비하고 있지. 그래서 지금은 이 캠핑카로 전국을 일주하면서 연습하고 있고."

"유라시아를 일주하시면 자녀분들은요?"

"우린 이미 은퇴했지. 애들도 다 커서 이미 독립시켰고. 이젠 알아서 잘해. 잘해야지."

"그러기엔 너무 젊어 보이시는데요?"

주인아주머니의 피부는 40대로 보일 정도로 젊었다. 친구들이 계속해서 비결을 묻자 레몬과 소주를 섞은 비법 레시피를 전수해주셨다.

"우리는 예전부터 은퇴를 준비했어. 도시에 살 때 이곳에서 생활할 준비를 시작했고 은퇴 자금도 충분히 모아놨지. 청년들도 계속 걷기만 할 건 아니잖아. 은퇴 준비를 지금부터 생각해봐. 어떻게 노후를 보내고 싶은지."

그 집을 나서면서 '여행을 하는 분들이라서 여행하는 이들의 상황을 잘 아니까 모르는 이들에게도 베푸는 마음으로 초대를 해주셨구나' 하는 생각이 들었다.

땀을 식히고 다시 길을 나서자 초이가 "나도 저렇게 멋지게 늙을 수 있을까?"라며 질문을 던졌다. 길멍 친구들은 한참 동안 '나이를 먹으면 어떻게 늙고 싶은지'에 대해 이야기꽃을 피웠다.

해 질 녘의 순천만, 별장 가는 길

인심은 후하고 해 질 녘은 예뻤다

 산길을 한참 내려가는데 갑자기 눈앞이 뻥하니 뚫렸다. 손이 닿지 않을 것 같은 저 멀리 산자락까지 갯벌이 펼쳐졌다. 발밑에서 붉은 칠게들이 갑자기 나타난 사람을 보고 혼비백산해 요리조리 도망가기 바빴다. 붉고 푸른 풀이 깔린 갯벌 위로 진갈색 데크가 반듯하게 깔려 있었다. 우리들은 산자락에 걸린 붉은 구름을 홀린 듯이 따라 걸었다.
 한 시간 전, 앞서 가는 돌배를 따라 걷는데 갑자기 산길로 접어들기 시작했다. 저녁 시간이 다 돼가는데 왜 자꾸 산으로 들어가는지 궁금해하며 한참 걸었을 때, 순천만 갯벌이 눈앞에 펼쳐졌다. 오늘 하루 힘들게 걷느라 수고했다며 위로해주는 듯 푸른 산 위로 하늘 전체가 붉게 물들고 있었다. 그 모습을 보고 무명이 우쿨렐레를 꺼내더니 <그대와 영원히>를 불렀고, 해 질 녘까지 다들 말없이 풍경만 바라볼 뿐이었다.

오른쪽에 갯벌을 끼고 데크가 깔린 길을 따라 한참 가다 보니 카페도 나오고 식당도 나와서 관광지라는 걸 알게 됐다. 해는 이미 져서 어둑어둑해지고 카페와 식당의 불빛이 길명 캠프의 길잡이가 됐다. 도로로 올라와 걸어가는데 컴컴한 시골 마을에 주민들이 모여 있어 시끌벅적한 슈퍼마켓이 보였다. 테이블이 몇 개 있고, 주민들이 일을 끝내고 와서 한잔하는, 와온 해변의 핫플레이스였다.

"학생들, 어디 가는 거야? 날도 더운데 한 잔 줄 테니 마시고 가~"

"저희는 걸어서 여행하는 중이에요. 목적지에 거의 다 왔으니까 가서 먹으면 돼요. 감사합니다."

"시원한 물이라도 줄까?"

"아니에요, 감사합니다."

"그래, 파이팅~ 멋있다."

마을 분들의 따뜻한 마음에 진짜 되돌아가서 '한 잔만 얻어 마실까?' 생각하며 멈칫했다. 그런 내 마음을 눈치챈 돌배가 내 소매를 잡고 "지산~ 한 시간만 더 가면 돼"라며 만류하기에 아쉬움을 접고 열심히 걸었다.

한참을 걸어도 도착지가 나오지 않아 걸음이 느려질 때쯤, 다시 시골 마을의 따뜻한 인심을 만날 수 있었다.

"이리 와서 시원한 물이나 받아 가."

"네? 시원한 물이요? 가… 감사합니다."

"국토대장정 하는 거야? 어디 가는 거야?"

"걸어서 여행하는 거예요. 남쪽으로 가고 있어요. 물, 감사합니다."

"그래. 몸 상하지 않게 조심해."

나폴리 펜션 건물의 1층 편의점 사장님이 우리를 보시더니 잡아 세워서 손에 물 한 병씩 쥐어 주셨다. 생각지도 못한 선물에 감사하며 물을 마셨다. 잠시 쉬면서 오늘의 호스트인 돌배에게 물었다.

"돌배, 얼마나 더 가야 돼? 근데 진짜 한 시간 맞아? 다들 몸에 무리가 오고 있어."

도착하면 밥도 먹고 쉴 수 있으니 '조금만 더! 조금만 더! 가자' 하면서 걸었지만, 지쳐서 점점 발걸음이 느려진 지도 한참 됐다. 결국 오른쪽 다리에 무리가 와서 절뚝이며 걸었다.

지역 주민인 돌배의 말을 믿고 아무 의심 없이 따라나선 길멍 캠프 친구들이지만, 저녁도 먹지 못한 상태로 두세 시간을 걸었더니 몸에 슬슬 무리가 왔다.

"돌배, 이대로는 안 되겠어. 다들 지쳤고, 나도 다리에 무리가 와서 오래는 못 걸을 거 같아. 근처에 아는 분의 집에 가거나 아니면 가까운 데서 잘 곳을 찾자."

힘겨워하는 친구들을 위해 돌배는 여기저기로 전화를 걸었다.

"마침 근처에 순천의 '너머'를 관리하시는 박경숙 님이 계신대. 그분에게 도움을 청했으니까 그리 가면 돼."

곧 저녁을 먹을 수 있다는 말에 힘을 내서 다시 걸을 수 있었다.

순천 '너머'지기의 환대

30분 가까이 걸어서 도착했을 때는 저녁 9시가 넘었다. '너머'지기인 박경숙 님은 많이 늦은 시간이었지만 흔쾌히 맞아주셨다.

"아니, 뭐 하느라 여태 밥도 안 먹고 다닌 거야?"

"걷는 여행 중인데요. 돌배네 부모님 별장으로 걸어가는 중이었어요."

"근데 사람들이 많네. 밥이 충분하려나? 새로 밥을 할 테니 우선 있는 걸로 나눠 먹고 있어요."

"감사합니다. 잘 먹겠습니다."

"땀도 많이 흘렸네. 세탁기라도 돌릴래요?"

"아니에요. 돌배네 별장에 가서 빨래하면 돼요. 감사합니다."

"그럼, 시원한 맥주라도 마셔요. 술은 먹을 수 있죠?"

"네! 감사합니다."

"어디서부터 걸어왔어요?"

"오늘은 순천에서 걸어왔고요. 지난 6월에 강화도에서부터 걸어서 내려왔어요."

"아이고, 고생하네. 많이 먹어요."

박경숙 님은 이미 식사를 마쳐 상까지 치우고 가족과 다과를 즐기고 있는 중이었다. 그런데도 길명 친구들을 챙겨주려고 다시 밥도 하시고 부침개도 부쳐주시고 시원한 맥주까지 챙겨주셨다. 한밤중에 갑자기 찾아온 반갑지 않은 손님인데도 불편한 기색 없이 반겨주고 맛있는 음식도 차려주셨다. 몸이 더 늘어지기 전에 슬슬 돌배네 별장으로 출발하려고 나섰다.

"얼마나 걸어가야 되는지는 알고 있어요?"

"아니요. 저희는 모르고 돌배가 알아요."

"거기 산길이잖아. 불도 없이 산길로 들어가서 헤매면 어떻게 하려고. 차를 태워줄 테니 타고 가요. 많이 지쳐 보이는데 걷는 것보다 낫겠지."

"그럼, 잠시만 친구들과 의논해볼게요."

걷고 싶어 하는 초이와 몸에 무리가 와서 차를 타려는 친구들로 나뉘었다.

"나는 따로 걸어갈 테니까 친구들은 차를 타고 가."

"그렇지만 초이가 걸어가고 우리만 차를 타고 가면 미안한걸."

"난 저녁도 먹었고 아직 걸을 수 있을 만큼 다리도 튼튼해. 조금 있다가 보면 되지."

"그러지 말고 늦었는데 초이도 같이 차 타고 가자."

차를 타야만 하는 친구들이 초이와 같이 가겠다고 떼를 쓰는 통에 실랑이가 길어지자 결국 초이가 양보했다.

"그래, 알았어. 친구들과 같이하기로 했으니. 차 타고 함께 가자."

"아싸, 초이도 차 탄다~"

초이는 차를 태워주는 배려를 감사히 받기로 했다. 걸어 내려오는 내내 피치 못할 상황이 아니면 차를 타지 않았지만, 친구들의 설득에 '따로'가 아닌 '같이' 하는 걸 선택한 것이다.

차로 15분은 넘게 오르락내리락 산길을 지나서야 돌배네 별장에 도착할 수 있었다. 경험상 잘 닦인 도로가 아닌 산길은 두 시간 넘게 걸어야 하는데, 박경숙 님의 배려로 일찍 무사히 왔다. 안도의 한숨이 나왔다.

버드나무 양치질과 짚신

여름 시골길에서 만난 과일들

도시를 벗어나 걷다 보면 자연이 우리에게 주는 과일을 자주 만난다. 바람에 씨앗이 날아와 뿌리를 내리거나 보기 좋으라고 심은 나무가 자라서 마침내 열매를 맺는 과일들. 그냥 걸을 뿐인 우리에게 열매는 고마운 양식이 됐다.

여태껏 살면서 먹을 것이 길에 있다는 생각은 하지 못했다. 당연히 돈을 주고 식당에서 혹은 마트에서 사야 하는 것이었다. 하지만 초이와 함께 지내다 보니 자연스럽게 길에서 먹을거리를 찾는 버릇이 생겼다. 6월 초에 안양천을 지나면서 만난 검붉은 오디는 달콤하면서도 살짝 신맛이 났다. 처음 맛보는 작은 알갱이들이 맛과 먹는 즐거움 그리고 기운까지 솟아나게 해주었다.

조금 더 남쪽으로 내려오면서부터는 산딸기들이 우리를 반겨주었다. 손톱만 한 크기의 빨간 산딸기는 새콤달콤한 맛과 향을 지녔고, 걷다가 지친 몸과 마음에 휴식을 주었다. 그래서 산딸기를 만나면 다들 멈춰 한가득 따서 손에 쥐고 걸으면서 먹었다.

종종 길에서 처음 보는 열매들을 만나면 "초이, 이건 뭐라고 불러? 먹을 수 있는 거야?" 하고 물었다. 그러면 새로운 식물의 세상이 열리는 것 같았다.

여름 과일인 복숭아는 도로 옆 과수원 주변을 지나다 보면 낙과로 떨어진 걸 주워 먹을 수 있었다. 멍이 들어서 상품성이 없다고 버려지지만 길을 걷는 우리에게는 맛나고 귀한 과일이다. 멍든 부분만 도려내고 물에 씻어 먹으면 향긋한 향과 함께 과즙이 입 안에서 퍼져 지친 몸을 달래주었다. 가끔씩 자두나무도 만나서 주워 먹었는데, 새콤하고 달달해서 입맛이 절로 돋았다.

처음 걷기 시작했을 때는 캠핑 음식을 가지고 다니며 먹거나 탁발을 했는데, 초이가 오디와 산딸기, 떨어진 복숭아와 자두를 주워 먹는 모습을 보고 길멍 친구들은 그때부터 풀뿐만 아니라 길 위의 과일들까지 먹을 수 있게 됐다.

초이에게 배운 자연 그대로의 생활용품

길에는 풀과 과일만 있는 게 아니었다. 칫솔과 치약도 만날 수 있었다.

"초이, 뭔데 나뭇가지를 씹고 있어?"

"아, 버드나무 가지. 양치 효과가 있어서 눈에 띌 때마다 꺾어서 양치질해."

"그래? 나뭇가지를 씹으면 되는 거야?"

"최대한 얇은 가지를 꺾고 잘근잘근 씹어서 이빨들이 다 씹을 수 있게 하면 돼."

"그럼, 버드나무가 어떻게 생긴 건지 가르쳐줘."

그 이후 길멍 친구들도 버드나무를 만나면 질겅질겅 버드나무 양치질을 하느라 바빠졌다.

행색이 아무리 남루해도 초이와 다른 친구들 사이에는 결정적인 차이가 있었다. 바로 짚신이었다. 다른 건 다 포기해도 하루에 몇십 킬로미터를 걷기에 신발만큼은 발에 맞는 걸 신어야 했지만, 초이는 맨발로 걷거나 짚신을 신고 다녔다. 가끔 주위에서 의아하게 바라보는 시선이 느껴졌는데, 마치 조선 시대 사람을 보는 눈길이었다.

초이는 짚을 구할 수 있는 곳에 도착하면 정신없이 짚을 꼬아서 짚신을 만들기 시작했다. 혹시나 시간이 부족해지면 잘 마른 지푸라기를 등에 메고 다니다가 쉴 때마다 짚신을 마저 만들었다. 하지만 여분을 만들지는 않고 딱 신고 다닐 것만 만들었다.

도로의 아스팔트나 콘크리트 길은 짚신이 금방 갈려 나갔기에 그리 오래 신고 다닐 수 없어서 종종 초이는 맨발로 다녔다. 그 모습을 보고 나도 비가 오는 날에는 맨발로 다니기 시작했다. 많은 것을 가졌고 이미 알고 있다고 생각하며 살았는데, 길 위에서의 초이를 보면 나는 마치 갓난아기같이 배울 것투성이였다.

여수 가는 길에 들른
예배당과 정자

만나면 반가운 분홍 해당화 열매

진한 분홍 잎에 노란 점들이 촘촘히 박혀 있다. 푸르른 여름 풍경에 눈길이 사로잡혀 가까이 다가갔다. 향긋한 냄새에 코를 가져다 대고 눈을 감으니, 내 마음속 꽃밭에서 분홍색 향에 취한다.

돌배네 별장에서 그간의 피로를 다 풀어낼 만큼 푹 쉬었다. 그리고 마침내 여수로 출발하는 아침, 비가 기분 좋을 만큼 내려서 시원했다.

시골길에서 만난 강아지를 마음껏 예뻐해주고, 정원수로 심어놓은 분홍 꽃이 아름다워 멈춰서 구경했다.

"초이, 이 꽃 이름이 뭐야?"

"해당화야. 열매도 먹을 수 있는데 나는 안 먹어."

"그래? 먹을 수 있다면 먹어봐야지."

거침없이 해당화 열매를 따서 한입에 넣었다. 씨가 가득 들어 있어서 빠드득 소리와 함께 파프리카 같은 식감에 날것의 맛이 났다.

"윽, 뭐야? 맛이 왜 이래? 과일 맛이 아니잖아!"

"정말? 우리도 먹어볼게. 응? 맛있는데…. 지산의 입맛엔 안 맞나 보네?"

"오디나 산딸기 같은 줄 알고 먹었다가 혼났네. 입맛이 고급이 됐나 봐."

"우린 맛있기만 한데, 더 따서 가자."

"그러게, 가져가서 요리할 때 넣자."

이날 이후로 해당화 샐러드가 가끔씩 요리에 등장하기 시작했다.

비 오는 날 교회에 도움을 청하러 간 이유

시골길 여기저기를 구경하며 걷다 해가 질 때쯤 마을을 만났다. 새로 지은 집들이 많은 신기한 동네였다. 그 흔한 정자도 보이지 않고 정작 마을에 살고 있는 분들도 별로 없는지 벨을 눌러도 인기척이 없어서 탁발을 할 수 없었다.

다들 지쳐서 잠시 쉬고 있는데 초이가 불쑥 말했다.

"볼음도에서부터 걸어 내려오면서 종교 건물에까지 들어가본 적은 없지만, 사람을 돕는 곳이니 꼭 될 거야."

그러고는 교회를 찾아다니기 시작했다.

길멍 캠프를 같이 하면서 초이와 대화할 시간이 많았다. 길을 걷기 시작하고 며칠 지나지 않은, 어느 비가 오는 날 초이가 탁발을 하러 간 적이 있었다. 그때는 아직 나도 탁발이 생소하고 두려움이 앞섰기에 초이에게 물었다.

"탁발을 우리가 하러 가도 되는 거야?"

"미얀마의 사원에는 수도승들이 있는데, 마을을 돌며 먹을 것을 받아. 먹을 게 거의 없는 사람들도 작은 부분을 떼어내 주고 먹을 게 많은 사람은 많은 대로 주고. 아무도 굶지 않고 먹을 수 있게 순환하는 거지. 그렇게 받은 음식은 수도승만 먹는 게 아니라 고아와 가난한 사람에게도 나눠주고. 그렇게 미얀마의 아름답고 평화로운 사원에서 지냈어. 지산도 기회가 되면 가봐. 좋을 거야."

"그럼, 한국에서도 탁발을 하면 사람들이 먹을 걸 잘 줬어?"

"실은 한국에서는 별로 기대하지 않았어. 그래서 비 오는 날 온몸이 젖은 거지꼴을 하고 가서 탁발을 했는데 음식을 주지 않으면 다시 미얀마로 돌아가려고 했지. 그런데 서울에서 몇 집을 돌아보니 음식을 주시더라. 오늘같이 비 오는 날은 더 잘 주시는 거 같아. 함부로 판단하기는 그렇지만, 아직 한국이라는 나라에도 따뜻한 마음이 남아 있는 거 같아."

"그러네. 나도 그 덕분에 따뜻한 마음을 만날 수 있어서 좋다!"

초이와 그런 대화를 나눴었기에 사람을 돕기 위해 세워진 모든 종교 시설은 같은 마음으로 지어졌다고 믿었고, 사원이든 교회든 어려움에 처한 사람에게 도움을 줄 거라는 것을 알고 있었다. 그러나 보이는 교회마다 비어 있거나 우리 인원이 많아서 곤란해했다. 마을 안쪽의 높은 곳에 위치한 복산교회를 발견하고는 예배당 옆의 교육관으로 보이는 곳에 들어갔다.

"실례합니다."

"무슨 일이에요?"

"도보로 여행하는 중인데 비도 오고 날도 저물어서요. 혹시 하루 묵어갈 수 있을까요?"

"음… 그럼, 예배당으로 따라오세요."

교회 목사님은 잠시 고민하더니 예배당으로 안내하고는 에어컨도 켜주고 잘 수 있게 이부자리도 챙겨주셨다.

"저녁은 먹었어요?"

"아니요, 아직 못 먹었습니다."

"아니, 무슨 여행을 하면서 밥도 못 챙겨 먹었어요? 여긴 예배 끝나고 같이 식사하는 주방인데 냉장고에서 원하는 걸 꺼내서 해 먹어요."

"아이고, 감사합니다. 잘 먹겠습니다."

"먹고 나면 깨끗이 치우고, 자고 일어나면 물건들도 원래대로 잘 정리해주세요."

잠은 예배당의 긴 의자에서 자면 되고, 젖은 옷들은 에어컨 바람에 말려서 내일 입을 수 있게 해놓고, 다 같이 저녁 먹을 준비를 했다.

평소에 예배 보는 분들이 식사하는 곳이라 김치와 각종 식재료가 가득했다. 각자 원하는 요리를 맡았다. 민지는 밥을 하고, 초이는 냉장고에서 각종 반찬을 꺼내 그릇에 담고, 나는 냉동된 고기로 제육볶음을 만들었다.

밥도 잘 챙겨 먹고 습한 날씨에 에어컨까지 틀며 쾌적하게 잠이 들었다. 그런데 새벽에 갑자기 민지가 가위에 눌렸는지 비명을 질러서 무명이 깨워 다독이고는 다시 재웠다. 한 시간쯤 지났을까? 이번엔 무명이 다리에 쥐가 나서 악 소리를 내며 깨자 민지가 무명의 다리를 주물러주었다. 다들 험한 날씨에 하루 종일 걸어서 몸에 무리가 온 듯했다.

일어나서 서로 힘든 몸을 주물러주며 기운을 차렸다. 든든하게 아침밥을 챙겨 먹고 청소까지 해놓고는 목사님께 감사하다고 인사를 드리고 다시 길을 나섰다.

말 없는 따스한 행동에 녹아버린 마음

함양에서 풀문 게더링을 할 때 찾아와 용궁잔치로 길멍 친구들을 배부르게 먹여주신 용궁요정 님이 여수로 초대해주셨다. 비가 억수같이 쏟아지는 궂은 날씨였지만 우리는 기분 좋게 출발했다. 빗방울이 비바람으로 변해 옷은 젖고 몸은 무거워지고 체온도 점점 내려갔다.

길가는 진작부터 물웅덩이가 생겨서 신발이 소용없을 지경이라 맨발로 걸어야 했다. 비가 잠잠해지기를 바라며 묵묵히 걸었다.

그렇게 정신없이 한두 시간 걸었을까? 길가 옆 공장(낭도 전기조명 인테리어) 안쪽에 비를 피할 만한 정자가 눈에 들어왔다. 일반 정자가 아니라 사무실 직원들을 위해 만들어놓은 사적인 건물이었지만, 비가 너무 많이 와서 그런 걸 고려할 겨를이 없었다.

정자에는 한가운데에 넓은 테이블이 있고, 주위에는 긴 나무의자들이 놓여 있었다. 일하시는 분들의 휴게 시설이었다. 쏟아지는 비를 피해 젖은 옷들을 한쪽에 널어놓고, 얇은 속옷 차림으로 바람을 맞으니 금방이라도 감기에 걸릴 것 같았다.

그런데 사무실 관계자가 나오셔서 비에 흠뻑 젖은 우리를 보고는, 커피포트에 물을 가득 끓여서 녹차 티백이랑 믹스 커피, 주전부리 과자를 아무 말도 없이 테이블에 놓고 가셨다.

길명 친구들은 뒤돌아가는 그분의 모습을 바라보며 몇 번이고 감사의 인사를 드렸다. 우리는 따뜻한 차로 몸과 마음을 녹이며 비가 잦아들기를 기다렸다.

무명의
묵언 수행

말을 하지 않고 걷는 여행

점심시간에 무명은 식탁이 아닌 소파에 앉아 있었다. '숟가락을 집어서 입에 넣는 듯한 행동'을 해서 같이 밥을 먹자고 하니, 무명은 자기 배를 손으로 가리키며 고개를 가로저었다.

'아, 배가 고프지 않다는 거구나!'

간단한 행동이라 무명의 표현이 이해가 됐다. 손가락으로 엄지와 검지를 동그랗게 해서 OK 모양을 만들어서 알

앉다고 하니, 무명이 고맙다는 표정으로 나를 가리키고는 음식을 떠서 '먹는 시늉'으로 답했다. '지산, 맛있게 먹어' 하는 말이 귀에 들리는 듯했다.

돌배네 별장에서 지낼 때 무명은 초이와 이런저런 이야기를 하며 고민을 털어놓았다. 그러다가 불교의 수행 이야기를 듣고는 묵언 수행을 시작했다. 묵언 수행은 말하지 않고 행위로만 소통하며, 내면의 목소리에 집중하는 수행 방법이다.

길명 친구들 또한 삶의 근원에 가까이 가는 행위를 반겼기에 적극적으로 무명을 응원했다. 신기하게도 의식주를 같이 하면서도 대략적인 눈빛과 손짓만으로 의사소통이 됐다. 물론 구체적인 이야기를 나눌 수는 없지만 큰 의미는 알 수 있기에, 길을 걸으면서 맞닥뜨리는 문제를 함께 해결하는 데에는 불편함이 없었다.

순천에서부터 여수까지 비를 맞아가며 노숙을 했다. 잠을 자다가 다리에 쥐가 나면서도 묵언 수행을 했던 무명은 결국 몸에 한계가 왔는지, 여수 시내 초입에서 나흘간의 묵언 수행을 풀었다. 그리고 마침 우리를 마중 나온 용궁 요정 님의 차를 타고 먼저 가서 쉬기로 했다.

시간이 지날수록 무명의 눈빛이 맑아지는 것 같았다.

묵언 수행으로 무엇을 깨달았는지, 왜 했는지 궁금해서 물어보고 싶었지만 아무도 묻지 않기에 나도 물어보지 못했다. 아마도 무명 혼자 조용히 생각을 정리하는 시간을 갖고 나면 며칠 후에 나에게도 이야기해줄 것 같았다.

과정을 중시하는 친구들과 묵언 수행 이어가기

무명이 묵언 수행을 내려놓자, 민지가 바로 "그럼 내가 묵언 수행을 이어갈게"라며 바통을 이어받았다. 그리고 30분도 안 돼서 "애들아, 저거 봐" 하고 말하는 통에 민지는 좌절하고 말았다.

"아이고, 민지는 아쉽겠다. 그래도 괜찮으니까 다시 이어서 계속할래?"

"아냐, 난 묵언 수행이 쉽지 않네."

"그래? 그럼 내가 이어가도 될까?"

기다렸다는 듯 초이가 민지의 묵언 수행을 이어받았다.

길명 캠프가 여수로 간다는 소식에 많은 친구들이 우르르 찾아왔다. 아침 일찍 찾아온 한 친구가 초이에게 인사하며 안부를 물었는데, 초이는 묵언 수행 중이라 눈웃음만 지을 뿐 어떤 말도 할 수 없었다. 그걸 본 프로 간섭러인 나는 초이의 대변인이 돼 상황을 설명해주었다.

몇 시간 만에 새로운 친구가 또 오고 내가 또 대신 설명해주고, 점심쯤 또 다른 친구가 와서 초이에게 인사를 건넸을 땐 옆에서 지켜보던 친구들이 서로 설명하겠다며 초이의 대변인을 자처했다.

"있잖아~ 초이가 순천에서부터 묵언 수행을 하고 있어. 묵언 수행이 뭐냐면…"

"그렇구나. 근데 오는 중에 별일은 없었어? 걷느라 밥도 잘 못 먹었을 텐데. 왠지 더 마른 거 같아."

"글쎄 며칠 전에 비가 엄청 왔잖아. 짚신이 젖는다며 맨발로 걸었대."

"감기 걸린 거 아냐? 얼굴이 핼쑥한 게…"

초이는 뒤에서 '그래 너희들이 생각하는 게 다 맞아'라는 표정으로 고개를 끄덕이며 힘없이 웃고 있었다.

두 달 전만 해도 혼자서 걷고 풀을 뜯고 명상하며 지내던 초이였는데, 어느새 친구들과 함께하는 것을 소중히 생각하고 같이하는 것이 느껴졌다. '묵언 수행은 무엇을 위해 하건 본인이 해야 의미가 있는데, 그걸 이어가는 게 어떤 의미가 있지?'라는 생각도 들었지만, 민지와 초이는 과정 자체를 소중히 여기며 무명의 묵언 수행을 기꺼이 이어갔다.

여태껏 살면서 목표를 향해 가는 방법과 결과만이 중요하다고 배웠다. 과정을 즐기고 과정 자체에서 의미를 찾는 건 시간 낭비라고 여겼다. 길명 캠프에서 내가 걷는 목적은 뚜렷했지만 그 과정은 별도로 고민해보지 않았다. 그냥 '친구들과 같이 있어서 재미있네'라고만 생각했다.

한참 시간이 지나 제주도에 가게 돼, 요트를 타며 길명 친구들과 지낼 때 올레길을 혼자 걸으며 묵언 수행 하듯 길명 캠프를 돌아보는 시간을 가졌다. 그때 알게 됐다. 과정에서 의미를 찾는 방법을 직접 보고 배우기 위해서 길명 캠프 친구들과 같이 걸었다는 걸.

영화관 탁발과
용궁잔치

춥고 배고플 때 먹으면 뭐든 맛있다

비를 맞으며 반나절가량 걸었을까? 여수 시내에 도착했을 때쯤 바람이 심해지면서 비바람으로 바뀌었고, 속옷까지 다 젖어버렸다. 우산도 비바람에 몇 번이나 뒤집어져서 몸에 붙이듯이 잡고 걸어야 했다.

마침 메가박스 영화관이 있는 건물이 보여서 비바람을 피해 들어가 1층 로비에서 숨을 돌렸다. 잠시 고민하는 듯하더니 영원이 이상한 제안을 했다.

"얘들아, 영화관에 안 갈래?"

"무슨 영화관을 가. 옷도 다 젖었는데, 혹시 보고 싶은 영화라도 있어?"

"그런 게 있어. 따라와 봐."

비에 젖은 몸으로 길멍 친구들은 에스컬레이터를 타고 3층으로 올라갔다. 오랜만에 만난 도시 분위기에 멍해 있으니 다시 영원이 말했다.

"저기 테이블이 비었네. 가서 앉자."

"그래, 좀 앉아서 쉬자. 비가 와서 쉬지도 못하고 걷기만 했잖아."

"영화 포스터 좀 봐봐. 요즘은 액션물만 나오네."

"근데 에어컨이 슬슬 추운데? 옷이 마르는 건 좋지만 너무 춥다."

"기다리고 있어 봐. 내가 좀 다녀올게."

영원은 뒤쪽에 있는 쓰레기통으로 가서는 종이봉투째로 팝콘 두 통을 들고 왔다.

"이야, 절반이나 남아 있네. 이럴 줄 알았어!"

"엥? 뭐야!! 쓰레기통에서 팝콘을 주워 온 거야? 테이블에 올려놓으니 그냥 사 온 거 같은걸…."

노란색에서 하얀색 옷으로 갈아입은 옥수수는 고소하

고 바삭했다. 진갈색의 캐러멜을 만나서는 달콤하기까지 했다. 입 안에서 오물오물 씹으니 세상이 더 아름답게 보이는 마법에 걸렸다.

"그냥 팝콘도 있고 캐러멜 팝콘도 있어. 많이 먹어~"

"와, 너무 맛있다. 영화관에서 팝콘 덤스터 다이빙을 할 거라고는 상상도 못 했는데."

"그러게. 사람들이 팝콘을 절반도 안 먹고 버리네."

반나절 동안 비를 맞아 춥고 배고픈 상태에서 먹는 캐러멜 팝콘은 정말 맛있었다. 팝콘을 먹고 나니 비가 와도 다시 걸을 수 있을 것 같았다.

길멍 친구들은 다시 걷기 시작했다.

일상에서 벗어나 자유롭다고 느낄 때

태풍이 북상하고 있다는데 마침 우리는 여수 바닷가 근처를 걷고 있었다. 고층 빌딩 숲을 벗어나자마자 비바람이 불어닥쳐 우산을 쓴 몸이 앞으로 나아가려 해도 몇 발짝씩 뒤로 밀렸다.

초이가 두세 번 비틀비틀하더니 아예 우산을 접고 그대로 비를 맞은 채로 소리치며 뛰기 시작했다.

"으~ 아~ 좋다~"

그 모습을 본 민지와 영원 그리고 뒤늦게 나도 우산을 접고는 신나게 비를 맞으며 숨이 막힐 때까지 뛰었다.

"으~ 아~ 좋아~"

시내에 들어서자 바람이 약해져서 다시 우산을 쓰고 두 시간 정도 걸었다. 대형 마트가 나타나서 옷도 말리고 쉬어 갈 겸 들어갔다. 그곳엔 다양한 사람들이 앉아서 쉬고 있었다.

마실을 나와서 쉬는 할머니와 여수로 여행 와서 마트로 장을 보러 온 고등학생들, 그리고 더위를 피하러 마트로 들어온 외국인까지, 모두들 분주하게 자신의 삶을 살고 있었다.

다른 사람들의 삶을 구경하고 있자니, 아침부터 비바람에 시달리고, 기가 막힌 팝콘을 맛보고, 옷이 젖든 말든 비를 맞으며 실컷 달렸던 내가 이제야 저 사람들과 다른 삶을 사는 떠돌이 여행자 같다는 생각이 들었다.

용궁잔치와 곧 시작될 물명

한 시간 정도 언덕길을 올라 용궁요정 님 집에 도착했다. 함양에서 만난 후로 두 번째 만남인데도 불구하고 반갑게 맞아주셨다. 여수 바다가 한눈에 보이는 제일 높은 언덕 위의 집.

언제나 손님들을 맞이할 수 있게 내부를 한옥처럼 리모델링해서 방들이 하나하나 예쁘고, 용궁요정 님의 손길이 안 닿은 곳이 없었다.

거실에 놓인 큼지막한 상에는 각종 생선회와 해산물, 그리고 직접 중국집에 부탁해서 만들어 온 생선 탕수육까지 음식들로 가득 찼다.

용궁요정 님이 벌린 용궁잔치를 길멍 캠프 SNS에 올렸다. 잠시 후 돌배가 서핑보드가 있으니 여수에서 가까운 남열 해수욕장에 가서 같이 서핑을 하자며 연락이 왔다.

파도가 올 때는 올라타는 법! 길멍 캠프의 다음 목적지는 '물멍 하러 남열 해수욕장 서핑'이라고 SNS에 적어두고 핸드폰은 무음으로 바꾸어 가방 맨 밑 구석에 넣어버렸다. 길멍 캠프의 소식을 궁금해할 친구들에게 할 얘기는 다 했으니, 이제 나도 여기 이곳에 집중하기로 했다.

해가 진 후 옥상에 올라가 평상에 앉아 하늘을 보니 여수 앞바다에서 폭죽놀이가 한창이었다. 민지는 강화도에서부터 걸어서 여수에 도착하면 이 노래를 부르고 싶었다며 기타를 들고 와서 버스커버스커의 〈여수 밤바다〉를 불렀다.

여수 밤바다… 아름다운 얘기가 있어.

네게 들려주고파.

너와 함께 걷고 싶다~

이 거리를 너와 함께 걷고 싶다~

노래를 부르며 민지는 행복한 표정을 지었다.

"걸으면서 하고 싶은 거 다 했다."

나도 같은 마음이었다.

"그래, 정말 하고 싶은 거 다 했다."

에필로그

불명과 길멍의 이야기를 책으로 엮어 여러분과 나눌 수 있게 되어 진심으로 기쁩니다. 흔히 이런 일을 '운이 좋다'고 표현하지만, 저는 '따뜻한 마음을 나누고 싶은 간절함'이 만들어준 기회라고 생각합니다.

우연히 강화도에서 시작된 불명은 돈이 없어도 살아갈 수 있다는 용기를 안겨주었습니다. 뒤이은 길멍의 여정은 여수까지 이어졌고, 탁발과 덤스터 다이빙, 노숙이라는 낯선 체험들을 통해 그 용기를 삶 속에 천천히 체화해가는 시간이었습니다.

길 위에서 걷고 또 걸으며 저는 새로운 실험에 도전했습니다. 줍는 것만으로도 살아갈 수 있지 않을까. 생존의 질문에서 시작한 길멍의 여정은 결국 삶을 바라보는 시선 자체를 바꿔놓았습니다. 아무것도 없이 길을 걷는 제게 먹고 자고 걸을 수 있는 힘을 준 건 언제나 길 위에서 만난 사람들의 따뜻한 호의와 같이 걷던 친구들이었습니다. 이것이 길멍을 통해 얻은 가장 큰 깨달음이었습니다.

'선행 순환'을 눈과 몸으로 경험하며, 경쟁과 돈이 전부인 세상에서도 여유와 나눔이 분명 존재한다는 것을 마음으로 받아들일 수 있게 됐습니다.

불멍과 길멍 이후에 저의 행보는 제주도에서 '물멍'으로 이어졌습니다.

책의 마지막에 살짝 언급된 물멍은 단순히 여름 바다를 바라보는 일이 아닙니다. 그것은 여수에서 시작해서 걷고, 배를 타고 도착한 제주도의 아름다움과, 그 땅을 지키기 위해 애쓰는 사람들과의 만남, 그리고 바다 건너 어디로든 갈 수 있다는 희망에 대한 이야기입니다. 그 여정에는 평범하지 않은 도전들과 예상치 못한 고비들이 있었고, 그로 인해 멈추거나 돌아간 친구들도 있었지만, 끝까지 남아 결국 꿈을 이루어낸 사람들의 이야기도 함께 담겨 있습니다.

    더위를 견디며 산길을 걸었던 여러 날 끝에 마침내 마주한 바닷가, 그곳에서 여름 물놀이로 시작된 생애 첫 서핑, 그리고 제주도에서 만난 푸른 숲과 파란 바다의 기억….

    어딘가에서 날 기다리고 있는
우연히 만날 이야기를 위해
또 길 위에 섭니다.

불멍하고 길멍하다
비우고 걷고 살아내며 나를 찾는 여행

초판 1쇄 발행 2025년 7월 18일

지은이	지산
펴낸이	김철식
펴낸곳	모요사
출판등록	2009년 3월 11일 (제410-2008-000077호)
주소	10209 경기도 고양시 일산서구 가좌3로 45, 203동 1801호
전화	031 915 6777
팩스	031 5171 3011
이메일	mojosa7@gmail.com
ISBN	979-11-992635-6-7 03810

— 이 책의 판권은 지은이와 모요사에 있습니다.
  이 책 내용의 전부 또는 일부를 다시 사용하려면
  반드시 양측의 동의를 얻어야 합니다.
— 값은 뒤표지에 표시되어 있습니다.
— 잘못 만들어진 책은 구입처에서 바꿔드립니다.